大学生就业指导与职业发展

主　编　梁　鹏　熊慧素　吴保兴
副主编　韦柳丝　张　柳　黄玉赟
　　　　吴泽望　黄　吉

北京理工大学出版社
BEIJING INSTITUTE OF TECHNOLOGY PRESS

内 容 简 介

本书旨在对高职院校学生的就业进行指导,引导学生认清自己的就业优劣势,做好就业准备和相关职业适应,为将来能够获得质量高、满意度高的职业做好铺垫。

本书内容简明扼要,主要知识内容以框架图形式呈现,学习任务通过流程图体现,可读性强,案例较多,突出体验式教学,同时收录了一些近年来社会生活中的典型案例,既具有很高的借鉴性,又具有很强的趣味性,适合高职院校学生阅读和学习。本书除核心知识的阐述外,还增加了课前小组实践活动作业、案例分析与讨论等特色部分;另外,引入了课堂教学探索活动,通过提出问题,引导学生积极参与和思考。

本书既可作为高职院校在校学生的教学用书,也可以作为高职院校辅导员的参考用书。

版权专有　侵权必究

图书在版编目(CIP)数据

大学生就业指导与职业发展 / 梁鹏,熊慧素,吴保兴主编. -- 北京：北京理工大学出版社,2025.2.
ISBN 978-7-5763-5099-9

Ⅰ. G647.38

中国国家版本馆 CIP 数据核字第 2025QH4706 号

责任编辑：龙　微	文案编辑：邓　洁
责任校对：周瑞红	责任印制：施胜娟

出版发行 / 北京理工大学出版社有限责任公司
社　　址 / 北京市丰台区四合庄路 6 号
邮　　编 / 100070
电　　话 / (010) 68914026 (教材售后服务热线)
　　　　　(010) 63726648 (课件资源服务热线)
网　　址 / http://www.bitpress.com.cn

版 印 次 / 2025 年 2 月第 1 版第 1 次印刷
印　　刷 / 涿州市京南印刷厂
开　　本 / 787 mm×1092 mm　1/16
印　　张 / 12
字　　数 / 233 千字
定　　价 / 42.80 元

图书出现印装质量问题,请拨打售后服务热线,负责调换

Preface 前言

在改革开放、经济快速发展的新形势下，我国高等教育得到了较快的发展，在校大学生总量持续增加。随着高校招生规模的不断扩大，高校毕业生就业也涌现出了一些新问题，尤其是就业难的问题日益凸显。为深入贯彻习近平新时代中国特色社会主义思想和党的二十大精神，特别是习近平总书记关于职业教育的重要指示，针对当前就业领域呈现的新态势，职业院校亟需推动就业指导教师队伍、教材内容以及教学方法的全面革新，这样才能更好地适应市场需求，帮助学生树立正确的职业观和就业观，有效提升学生的就业能力与职业素养。

本书旨在引导大学生正确地把握目前就业市场的需求形势和国家、省市有关大学生就业的制度和政策，按照社会需求确立就业期望，了解就业程序和就业途径，掌握一定的就业技巧，准备好求职的相关材料，以提高自身的就业素质，提高就业质量，初步完成个人的职业生涯规划。另外，通过职业发展模块的讲授，可有效缩短应届大学毕业生与就业岗位的距离，引导大学生做好试用期的角色转变。

本书在内容结构方面，强调实际就业过程之间的逻辑性和连贯性。全书共分为六章，第一章为就业形势与就业政策；第二章为就业信息收集与就业心理；第三章为就业材料准备；第四章为面试技巧与职业礼仪；第五章为大学生就业权益保护；第六章为职业适应与职业发展。每章主要设置的栏目有"教学目标""知识内容框架图""学习任务流程图""课前小组实践活动作业""案例分析与讨论""课堂探索活动"和"课后任务"等。

具体而言，本书在编写过程中突出体现了以下特点：

1. 基于混合式教学打造，体现混合式特色

每一章中的"学习任务流程图"中说明了学生在每一章课前应该做的事情，课后应该做的工作，以及课中教师讲解的重点。书中的课前小组实践活动作业、课堂探索活动以及课后任务均可以在学习通平台上进行，信息化程度比较高，相关电子学习资源建设在超星学习通中，网址：https://mooc1.chaoxing.com/course/204421345.html。

2. 多维度融入课程素养元素

本书在编写过程中注重素养元素的融入，书中每一章的素质目标明确，在每章将相关知识点通过课前、课中、课后的模式融入书中。其中，课前小组实践活动作业，以工作模式的流程让学生探索对应任务时体会融有素养元素的知识点；课后任务中设置了学生在平台观看视频资料后素养体会讨论环节；再加上课中教师对课前实践活动作业的提升点评，形成多维度的素质教学模式。

3. 注重学生的参与度

书中的课前小组实践活动作业、课后任务均需要学生参与，体现了学生在学习过程中的主体地位。每章设有课堂探索活动和案例分析与讨论，利用体验式教学提高学生学习的参与度。

4. 可读性强

本书除核心知识的阐述外，还增加了拓展阅读，通过通俗易懂的叙述方式拓宽学生的知识视野，巩固其对相关知识的理解。

本书由广西电力职业技术学院教师梁鹏、熊慧素、吴保兴担任主编，广西电力职业技术学院教师韦柳丝、张柳、黄玉赟、吴泽望和南宁职业技术大学教师黄吉担任副主编。第一章由梁鹏编写；第二章由黄玉赟编写；第三章由韦柳丝编写；第四章由张柳编写；第五章由吴保兴编写；第六章由熊慧素编写。各章中的"课前小组实践活动作业""案例分析与讨论""课堂探索活动"等内容由梁鹏、熊慧素、吴保兴收集和提供，吴泽望提供相关的就业数据和政策，黄吉负责审核融入的素养元素，全书由梁鹏负责审稿。

本书既可以作为高职高专院校就业指导教材，也可作为高校就业工作人员和辅导员的参考用书。由于编者水平有限，书中难免有不足之处，敬请读者批评指正，以便今后修订改进。

编　者

目　　录

第一章　就业形势与就业政策 … 1
第一节　就业形势和就业观念 … 3
第二节　就业政策 … 14

第二章　就业信息收集与就业心理 … 24
第一节　就业信息的收集与整理 … 26
第二节　就业信息的筛选和利用 … 33
第三节　就业信息搜集的基本原则 … 40
第四节　大学生就业求职的主要途径 … 42
第五节　就业心理准备 … 46

第三章　就业材料准备 … 56
第一节　就业材料概述 … 59
第二节　撰写求职信 … 63
第三节　制作个人简历 … 69

第四章　面试技巧与职业礼仪 … 81
第一节　笔试攻略 … 83
第二节　面试攻略 … 89
第三节　职业礼仪 … 111

第五章　大学生就业权益保护 … 127
第一节　大学生的就业权利与义务 … 129
第二节　就业协议和劳动合同 … 132

第三节　社会保险的有关知识……………………………………………… 148

第四节　大学生就业侵权预防……………………………………………… 151

第五节　毕业生的就业权益保护…………………………………………… 158

第六章　职业适应与职业发展……………………………………………… 163

第一节　职业适应…………………………………………………………… 165

第二节　职业发展…………………………………………………………… 179

参考文献……………………………………………………………………… 186

第一章　就业形势与就业政策

教学目标

知识目标：了解高校就业形势与就业政策；了解就业指导的意义与内容。

能力目标：学会利用SWOT分析，认识到自身的优势与不足，根据就业形势确定自己的就业期望。

素质目标：了解国家就业政策，能够着眼于现实与未来个人职业发展观体会党和国家对大学毕业生的人文关怀。

知识内容框架图

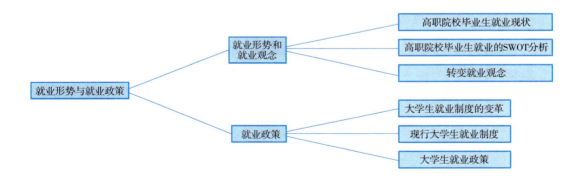

学习任务流程图

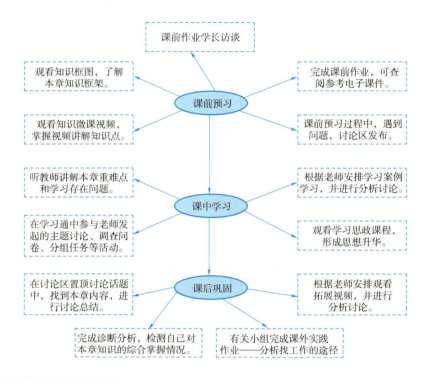

课前小组实践活动作业

了解就业政策

具体要求：访谈上届同学，他们在就业时，有哪些政策比较有用，体会国家和社会对大学生就业的关怀等。可以使用PPT展示访谈内容、图片和获得的结论，也可以通过拍摄视频的方式直接记录访谈情景，并进行剪辑，添加字幕。

第一节　就业形势和就业观念

一、高职院校毕业生就业现状

近几年的就业质量报告显示，高职院校毕业生的初次就业率高于本科院校，甚至高于某些高校的硕博研究生就业率。近年来的麦克斯就业统计数据显示，高职院校毕业生半年后的就业率超过90%，成为高素质技术技能人才的重要来源。职业教育已经成为我国国民教育体系和人力资源开发的重要组成部分。与此同时，高职院校毕业生就业状况和就业质量问题也得到全社会的高度重视。

（一）我国现阶段经济形势导致毕业生就业压力增大

我国现阶段经济增速放缓，产业结构正在调整，同时技术的进步也使部分企业的劳动力需求量下降，这些必然会导致部分从业人员下岗。而近年来，我国高职院校的毕业生人数却在不断增加，所以，日趋严重的就业问题就不可避免地显现了出来。

由教育部对外公布的统计数据可见，近几年高校毕业生数量均在1 000万以上，高职毕业生基本在500万左右，毕业生数量过于庞大。这与现阶段经济形势的发展相矛盾，同时，中、小企业受国际金融危机的影响正在大洗牌，这些也势必影响到高职院校持续增加的毕业生的就业状况。现阶段高职院校毕业生的就业压力在逐渐增大。

（二）就职于民营企业的较多

根据对学校毕业生的跟踪调查可以发现，毕业生在民营或私企就职人数最多，机关事业单位的就职人数最少，其次是国有企业。

多年来，民营企业已经发展成为社会经济的重要支撑力量，由于涉及面广，民营企业提供就业岗位的形式也多种多样。

例如，随着电子商务的快速发展，民营企业在交通运输、仓储和邮政、金融、信息传输、计算机服务和软件业发展较快，所占比重逐年上升。有统计数据显示，我国民营企业已成为创造就业岗位最重要的渠道，提供了80%的城镇就业岗位，新增就业90%在民营企业。

（三）刚入职毕业生的薪酬较低

《2020年中国大学生就业报告》显示，2019届高职院校毕业生平均月收入为4 295元。由于刚毕业的学生实际工作能力有限，还达不到工作岗位的要求，所以刚开始收入偏低。但随着工作年限的增加、工作经验的积累、工作能力的提高，处于不同岗位的毕业生在成为企业的正式员工以后，薪酬还会有所提高。

（四）"跳槽"现象较突出

在对30名毕业生的问卷调查中了解到，除9名毕业生没有变换过单位外，其余均换过工作单位，一般情况下以更换1~2次者居多，更有甚者已换过3家以上的工作单位。虽然通过"跳槽"会更快地积累工作能力与经验，易于达到自己期望的薪酬、找到满意的工作环境，但过于频繁地更换工作单位会让用人单位产生不信任感，质疑毕业生不能安心于本职工作，担心自己企业的岗位培训成为别人的嫁衣。所以，频繁地更换工作单位，会让用人单位对高职院校毕业生产生负面印象。

（五）就业区域偏向于经济发达的省市

在对毕业生进行调查时了解到，大部分毕业生希望留在市区，选择工作条件好、经济发达的地区，而不愿回到经济相对落后的乡镇。

二、高职院校毕业生就业的SWOT分析

（一）高职院校毕业生的就业优势（Strengths）

所谓优势，是指相对于竞争对手的资源或能力上的长处。任何事物都有其自身的优势，高职院校毕业生的就业优势包括比较优势、先发优势和竞争优势。

1. 比较优势

比较优势是来自毕业生的内在资源，但取决于用人单位的实际需求。首先，较为实际的就业观念使高职院校毕业生在就业时具有比较优势。与本科生相比，高职院校毕业生就业观念更为实际，就业时很少挑三拣四，能理性就业，这使他们的就业空间更为广阔，就业选择更为丰富。其次，踏实肯干的就业态度使高职院校毕业生就业具有一定的比较优势。由于高职院校重视生产第一线操作技能的培训，所以，高职院校毕业生"超越"了本科生"纯理论化"的局限，具有重实践、会动手的特点，而且高职生的职业定位比本科生更明晰，在就业时不像本科生那样容易"朝三暮四"。这些特点更符合企业注重员工的踏实肯干精神和忠诚企业的意向要求，因此，企业择人趋向与高职院校毕业生就业态度和个性表现的契合，使他们在就业时具有比较优势。再次，薪酬要求相对较低使高职院校毕业生在就业时具有比较优势。现在越来越多的用人单位开始注重用人成本，相对于本科生而言，高职院校毕业生对薪酬的要求较低，对某些岗位来说，录用高职院校毕业生比录用本科生可以节省薪酬与培训成本，获得更高的用人效率，更符合企业对经济因素的考虑，也更容易被企业接受。因此，高职院校毕业生的薪酬期望与用人单位的成本意识趋同，使其在就业时具有一定的优势。

2. 先发优势

一是高职院校以就业为导向，按订单培养人才，有的学生刚进学校就被用人单位预订；高职院校毕业生具有实训和顶岗实习的机会，使其在岗位职业能力储备上具有一定的

先发优势。二是高职院校的职业生涯教育前移，对毕业生就业的准备工作做得早，使高职院校学生较早地做好了就业心理准备，因此，高职院校毕业生与普通大学毕业生相比，就业警觉期出现得更早。这样，高职院校毕业生在就业心理准备上就具备了一定的先发优势。

3. 竞争优势

首先，高职院校毕业生技术应用能力较强。他们在校时的实践操作和实训的机会较多，因此，能较快地适应并融入新的就业环境。其次，高职院校专业对口的特色也使毕业生在就业时具有竞争优势。一些高职院校在设置专业时岗位针对性较强，一些高职院校还设有以企业"冠名"的班级，毕业生可直接进入该企业，因此，高职院校毕业生在自己的岗位领域中占有竞争优势。

（二）高职院校毕业生的就业劣势（Weaknesses）

所谓劣势，是指相对于竞争对手在资源或能力上的限制或缺陷。相对于普通高校毕业生而言，高职院校毕业生的就业劣势包括文凭弱势、人文素质弱势和个性心理弱势。

1. 文凭弱势

高职院校毕业生处于专科水平，在这个重视高学历的时代，面对越来越多的本科生和研究生，高职院校毕业生就业无疑处于劣势。

2. 人文素质弱势

高职院校招收的学生大多是普通高等教育考试的落榜生，文化素质相对较低。同时，高职院校更注重对职业技能的培养，片面强调就业教育，将学生置于"会工作的工具"的境地，忽视人文教育，这使高职院校毕业生整体人文素质较低。

3. 个性心理弱势

高职院校学生因为没有考上理想的大学，潜意识中有自卑和压抑的情绪，心理负担和精神压力较大，容易导致对自身角色的不客观定位，就业时感到迷茫、彷徨，既想攀比，又怀有自卑情结；既想追求高薪企业，又缺乏足够的信心；既想主动竞争谋取理想职业，又担心竞争失败。这些心理将不同程度地影响着他们的择业和就业。

（三）高职院校毕业生的就业机会（Opportunities）

所谓机会，是指由于外在环境因素的变动而出现对高职院校毕业生就业有利的时机。高职院校毕业生的就业机会主要体现在以下几个方面。

1. 中小型企业、民营企业的快速发展

随着我国经济的繁荣，中小型企业、民营企业快速发展，为社会提供了大量的就业岗位，"大部分的新工作将仍由小型企业提供"。因此，中小型企业和民营企业是吸纳劳动力就业最多的地方。

2. 劳动力市场对技术型人才的强劲需求

有关资料显示，我国高技能人才占比仅为 4%，人才紧缺，高级工程师、高级技能人员及高级技术的求职率均高于行业平均值；然而，我国应届生就业期望与现实需求严重脱节（70% 的企业认为应届生专业技能实用性不强），而且存在一定的眼高手低的情况。另外，企业对一般技工的需求也较强烈。劳动力市场对技术型人才需求强劲，这为专业技能实用型毕业生提供了广阔的就业空间。

3. 用人观念转变使一些用人单位青睐高职院校毕业生

现在越来越多的用人单位有了用人成本的意识，这种成本不但包括员工的薪酬待遇，还包括培训员工所花费的成本。企业选拔人才从看"学历"到看"能力"的转变给高职院校毕业生就业带来了难得的机遇。

（四）高职院校毕业生的就业威胁（Threats）

所谓威胁，是指由于环境因素的变动给高职院校毕业生就业带来的不利或限制。高职院校毕业生就业面临的主要威胁有以下几个方面。

1. 严峻的就业形势给高职院校毕业生就业带来的压力

随着经济体制改革力度的加大和职业结构的不断变化，就业人数陡增。一是当前大学毕业生数量猛增，从 2022 年高校毕业生人数达到 1 000 万人后，近几年毕业生数量均高于 1 000 万；另外，还有研究生向下挤占大学毕业生就业空间的现象。二是经济结构调整，部分行业不景气，出现了较大规模的裁员增效现象，劳动力人群的失业问题凸显。三是农村剩余劳动力转移加大了对城镇就业机会的竞争。三大就业人口高峰同时出现，而就业市场容量并没有增加，使劳动力就业市场不堪重负，就业市场供大于求。

2. 用人单位的高学历追求给高职院校毕业生就业带来的挑战

近年来，毕业生队伍不断扩大，使招聘"行情看涨"，一些用人单位片面追求高学历人才，这种重学历文凭、轻素质技能的用人观，无疑抬高了高职院校毕业生的就业门槛。

3. 偏颇的社会心理给高职院校毕业生就业带来的伤害

中国古代就有"学而优则仕""劳心者治人，劳力者治于人"的观念，这种传统观念一直存在于国人的潜意识中。大多数人认为：只有学术教育才是正统教育，而高职院校培养的是工作在生产第一线的技术人员，更多的是属于"劳力者"的范畴，仕途黯淡。因此，高职院校毕业生一度成为时代的"失宠儿"。人们用思想观念筑成一座隐性的心理堡垒，给高职院校毕业生就业设置了一道心理障碍。

三、转变就业观念

当前大学生就业难，虽然有经济增速放缓、毕业生数量多、竞争激烈、专业不对口、招聘单位要求高等原因，但从根本上来说，是由于大学生就业观念未从根本上得到转变。

近年来，大学生的就业观念和就业环境正在发生变化，毕业生在择业过程中也呈现出许多新特点，大学生就业正发生着全方位的改变。

（一）当前大学生在就业观念上存在的误区

1. "混日子"的就业观念

目前，在校园里存在着"60分万岁"的理念，相当部分同学浑浑噩噩地"混日子"，从未主动去思考未来的职业发展方向与个人出路究竟在何方。但在当今充满机遇与挑战的就业环境下，这种观念无疑是一种短视行为。作为当代大学生要积极投身于各类实践活动、实习项目中，不断提升自己的沟通协作能力、问题解决能力和创新思维能力。同时，关注市场动态和行业发展趋势，拓宽自己的职业视野，为自己打造一份具有竞争力和适应性的个人"技能包"，凭借真才实学和积极进取的态度，在就业市场的浪潮中找准方向，破浪前行，主动争取适合自己的职业机会，而非被动等待命运的垂青。

2. "精英化"的就业观念

长期以来，我国的高等教育规模比较小，大学毕业生曾经是天之骄子，作为一种非常稀缺的人力资源，其就业层次一直比较高。但是随着高等教育大众化时代的到来，部分大学生的精英就业观念仍停留在原来的基点上，对自身的定位很高。认为只有在比较高的就业层次，留在大城市，才能体现自己的人生价值，才能实现自己的理想和抱负，却不知道自己真正适合干什么。

3. "学而优则仕"的就业观念

几千年传统思想的影响依然存在，一部分大学生仍固守"学而优则仕"的观念，认为只有在公检法和一些党政机关工作，才能被人瞧得起，一味地追求功名利禄，轻事业，轻奉献。在当代社会，他们仍改变不了"只往高处走"的传统观念，放不下架子，不愿意去一些普通而平凡的岗位。

4. "博弈"心理

大学生求职时，会综合考虑各种因素，形成一个就业期望值。如果假定一个毕业生的期望值为100，当A单位招聘提供的待遇为90时，由于博弈心理的存在，他认为以后还会出现待遇高于90的单位，所以尽管A单位愿意要这个学生，该学生也不会与这个单位签约。以后，如果没有单位所提供的待遇超过90，且这个毕业生也不愿意降低自己的期望值，他就会处于失业状态。这种只看眼前的就业观念很短视，对未来职业的发展缺乏规划，也毫无信心。

5. "从众"的就业观念

有些大学生没有明确的就业目标，不考虑自身的志趣和能力，盲目地随大流，别人找什么工作，自己也找什么工作，什么工作热门，找什么工作，如当前凭空掀起的考公务员热潮。有些大学生投简历如天女散花，面试如走马灯，结果进入工作阶段之后，才发现并不适合自己，因而产生人职不匹配的困扰。

6. "创业"误区

有的大学生盲目创业，对商机缺乏敏锐的直觉和判断力，设定的创业目标不够务实，而没有考虑在实际操作过程中会遇到的各种问题。久而久之，巨大的压力会磨灭他们的热情，使创业草草收场。所以想创业的大学生在学校时就要树立创业理想，在广泛的调查研究中，找准创业方向，再有意识地培养自己创业的胆识和决策能力、经营管理能力以及协调能力，从而实现自己的创业梦想。

（二）大学生就业观念需进行多方面的转变

1. 从"精英"向"大众"的转变

当前，高等教育已经由原来的"精英"化教育转变为"大众"化教育。在"精英"化教育时期，由于高等教育是稀缺资源甚至是社会特权，受教育者的地位很高，被称为"天之骄子"，就业实行"统包统分"的就业模式。而在"大众"化教育时期，接受高等教育已成为相对多数人的权利，上大学不再需要"千军万马过独木桥"，大学毕业生的就业同普通人找工作一样，不存在照顾、包分配的现象，"双向选择，自主择业"成为主要的就业形式。因此，大学生的就业观念也必须从"精英"就业观念，转变为"大众"就业观念。大学生也要作为一名普通的劳动者，从事普通劳动者所从事的工作。工人、农民、科技工作者、个体经营者、"打工族"、工薪阶层成为大多数人的职业身份。

2. 从"城市"向"基层"的转变

当前，一方面，高校毕业生就业面临着困难和一些问题；另一方面，广大基层特别是中西部地区、艰苦边远地区和艰苦行业以及广大农村还存在着人才匮乏的状况。一些三四线城市能提供比大城市好的工作和发展机遇。但由于很多大学生放不下身段和"面子"，认为好不容易十几年寒窗苦读上了大学，应该留在大城市生活和发展，不愿意到县区和农村以及艰苦地区。实际上，基层的天地广阔蕴藏着众多的机会。随着国民素质的普遍提高和就业层次的下移，这种大学生下基层就业的现象会越来越多，这也是社会不断进步的表现。

大学生完全可以把到基层就业视为创业的起步、成才的开始。通过了解国情民意，积累经验，增长才干。大学生就业应该将姿态"放低"，将人生目标"抬高"，着眼未来的发展。在城市生存成本加大、就业已趋饱和的情况下，选择到基层就业和发展是理性的、现实的。大学生要根据国家需要和劳动力市场的需求，找到自己在基层的位置和发展空间，实现自己的人生价值。

3. 从"国企"单位向"私企"单位转变

在传统的职业观念影响下，人们都希望到政府机关、事业单位或国有大企业谋职、发展，而不愿意到民营企业或私营企业求职发展。但是，政府机关、科教文卫事业单位、科研究所、大型三资企业由于多种原因（如体制原因、产业结构原因、亏损等），吸纳大学毕业生的能力是有限的，很难大量接受毕业生就业。

随着改革的深入和经济新常态的发展，民营、私营企业大量增加，随之而来的是对人才的大量需求。以前，大学生担心民营企业规模小，经营管理水平低，个人发展前途受限；怀疑民营企业管理不规范，福利待遇没保障；害怕民营企业工作不稳定，办公环境差。而现在的民营企业发生了重大变化，特别是一些发达地区的民营企业发展非常迅速。人才市场薪资调查表明，民营企业的收入水平甚至已和三资企业不相上下，民营企业灵活的用人机制和激励手段为人才创造了比在其他单位更好的个人发展空间。随着社会养老保险、医疗保险、失业保险、住房公积金制度的建立和完善，在民营企业工作也不用担心缴纳"五险一金"等个人保障问题。

4. 从"白领"向"蓝领"的转变

在传统的就业观念中，很多大学生都想毕业后成为"白领"，"白领"意味着工作轻松、收入较高，有一定的社会地位。对于"蓝领"，很多人在观念上把它看成体力劳动——"卖苦力"。在当前各种技术飞跃发展的今天，"蓝领"已不再是以前的工作形式，知识型、技能型的"蓝领"越来越被社会所重视，社会地位和收入水平也大幅提高。"工匠精神"正成为国家的需要和大学生的新发展方向。据了解，一些发达国家的制造业中，技师、高级工、中初级工的比例为 35∶50∶15，高素质的"蓝领"工人的比例占了绝大多数。而在我国却正好相反，中初级工还占很大比例，这从某一方面说明了我国劳动生产率、产品质量和产品附加值还较低。企业也面临高学历"蓝领"短缺的问题，高级技工和一线工程师的缺口越来越大，直接制约了企业的发展和相关产业的转型升级。工匠、技师和高级工的紧缺对企业发展已形成严重的掣肘。

对大学毕业生来说，当"蓝领"并不是什么低人一等的行为。相反，比起那些坐办公室工作的"幸运儿"，他们更能发挥自己的专业特长，并在生产实践中取得实实在在的工作经验，提高自己的专业水平。在今后的职业发展上，位于生产一线的大学生"蓝领"也远比在办公室里的"白领"有更多升职加薪的机会。国内很多成功企业家的经历也说明，坐办公室是很难"坐成"老总的，只有真正在生产线上摸爬滚打过的人，才有更全面的专业素质，也更熟悉企业各方面的运作，有望在职场竞争中脱颖而出。

5. 从"专业对口"向"通用人才"的转变

很多大学生就业时特别强调要专业对口，认为大学花费了几年时间所学的专业是自己的生存之本，如果离开了自己所学的专业而选择其他行业，那就白白浪费了大学的时间，专业情结依然影响着毕业生的求职心理，实际上，大多数用人单位招聘人才的标准是：注重应聘者的个人能力和综合素质，至于专业是否完全对口，并不过分计较，现代社会分工越来越细，在校期间所学的专业知识与现实需要难以吻合，在求职过程中如果过分强调专业对口，则难以找到合适的职业，一个具有开拓精神的毕业生，应看重行业的发展前景，并及时调整自己的择业方向。

目前我国正处于经济转型、体制转轨时期，随着结构的调整，必然也会使某些行业迅速发展，如第三产业的邮电通信、金融保险、社会服务等，就业人数将会明显增加。由于我国的教育结构不能适应产业结构的调整，这必然会使某些专业的毕业生找不到专业对口的工作。大学教育不仅仅是学习专业的知识和技能，更重要的是培养大学生的综合素质和综合能力。大学生进入一个新的领域，会比没有受过高等教育的人更快更好地融入与适应。

6. 从"打工"向"创业"的转变

打工是一种被动的就业行为，而自主创业是给自己"打工"，是一种主动的就业行为。新一代的大学生精力旺盛，有着强烈的挑战自我、实现自我的激情，并且无负担，没有太多牵挂，有较高的文化水平，专业基础扎实，具有创新意识，自主学习能力强，善于接受新知识。

从现阶段的就业形势看，国家宏观政策激励大学生自主创业，社会主义市场体制的建立和市场经济的发展，为广大毕业生的自主创业提供了良好的社会环境。创业——这包含机遇与挑战的字眼，已经成为无数大学生心中的梦想。我国也已经诞生了一大批大学生创业者，而且其中不乏成功的典范。

7. 从"被动"就业向"主动"就业转变

现代社会对人才的需求越来越高，特别是竞争上岗的推广和实行，使人才的竞争更加激烈。因此，大学生要树立就业竞争、上岗靠本事的思想，打破"等、靠、要"的消极就业观念，不断学习新的知识与技能，不断提高自身素质，把自己培养成为适应社会需要的人才。

大学生在择业时应表现出更大的主动性。主动通过互联网或身边朋友，了解心仪行业和公司的招聘情况，并大胆自荐。对于符合自己选择意愿的好工作，要不遗余力地去争取。遇到长辈的阻力时，对自己的职业有想法的大学生要会摆事实、讲道理，说服对方接受自己的选择，而不是被说服。随着技术的进步、新兴行业的兴起、信息接收渠道的多元化和个人家庭经济基础的变化，大学生要有意识地做好自己的职业规划，开启自己的就业之门。

8. 从"终身"就业向"动态"就业转变

传统就业观念向来视稳定为生活的重要条件，一次就业定终身的观念，在计划经济条件下，是一种普遍的就业心理。而现代社会为人们提供了广阔的、更加独立发展的空间，毕业生不必急于在短时间内找一个稳定的"铁饭碗"，因为在校大学毕业生涉世不深、社会经验不足，不可能一下子就找到适合自己的就业岗位，不妨先找一个工作，这样既缓解了家庭的经济压力，又可以在流动中求发展，打破一步到位、从一而终的就业观。近年来，一部分毕业生，特别是部分高职院校毕业生，毕业时将户口迁回生源地，把档案托管在工作地的人才中心，在哪里找到岗位，就在哪里就业，在流动中寻找与能力相符，与专业对口，与特长、优势一致的工作岗位。

科学技术的迅猛发展和知识的快速更新、市场经济体制的变革和人才市场的发展，使得就业、失业和再择业成为今后大学生一生中经常会遇到的事情。因此，毕业生应该意识到第一份工作对于许多人来说，更多的是一种锻炼和实践经历、一种融入社会的渠道。每个大学生都要做好多次就业择业的思想准备。据不完全统计，中国人平均一生就业1.1次，美国人平均一生就业6.5次。市场经济既然把传统意义上的"铁饭碗"打破，那么新时代的大学生就应努力培养锻炼职业技能，重铸自己的"金饭碗"。

9. 从"贪图享乐"向"艰苦奋斗"转变

当前，我国经济保持中高速发展，人们的物质生活水平不断提高，大学生是就业大军中的佼佼者，无疑会成为社会的宠儿和焦点。加上近几年大学生中独生子女占大多数，基本上是在娇生惯养的环境中长大的，因此许多大学生贪图享乐，缺乏吃苦耐劳、艰苦奋斗的精神。在选择职业时，他们大多不愿意到艰苦的环境和岗位上去。由于吃不了苦、缺乏敬业精神而"待业"或失业的不乏其人。

我国现在还属于发展中国家，与世界发达国家的水平相比，在某些方面还有一定差距，鉴于我们的基础和物质条件尚需加强，未来我们仍需继续秉承和弘扬勤奋拼搏的优良传统。成功人士的经历也告诉我们：只有坚持艰苦奋斗，才能获得事业上的成功。因此，大学生在就业时首先应该做好吃苦耐劳的准备，树立爱岗敬业、艰苦创业的精神，为祖国的繁荣富强贡献自己的青春年华。

1. 结构性就业问题

结构性就业问题是指因经济结构和劳动力结构不对应，使工作岗位与劳动者文化技术水平不相适应而产生的就业问题。

原因不在于缺乏足够的劳动工作岗位，而在于一方面社会上存在着空闲工作岗位，另一方面现有无工作的劳动者教育程度和技术水平不适应这些工作岗位的需要。

就业领域主要存在四个方面的结构性失衡。

一是就业的城乡区域结构失衡。这表现为不同区域对劳动力的需求差距较大。比如，中、西部劳动力市场供求快速扩张，用人需求缺口已反超东部地区；又如，东北地区就业市场景气度较低。同时，一些二三线城市面临"人才引不来、留不下"等问题，存在结构性就业矛盾，这也是就业的城乡区域结构失衡的具体表现。

二是就业的产业结构失衡。目前，第一产业就业结构与产业结构不协调，劳动生产率较低，大量富余劳动力有待转移；第二产业就业结构与产业结构的协调性较好，以外贸加工为主的外向型劳动密集型制造业企业具有较大的就业吸纳潜力；第三产业就业结构与产业结构的协调性最好，资本技术密集型行业与劳动密集型行业并存，对各层次劳动力的兼容和吸纳能力较强。但从总体上看，二、三产业的就业量占全部就业的比重依然偏低。

三是就业的收入结构失衡。这主要体现在一些劳动者工资水平不高、部分劳动者权益保障尚不到位、不同行业之间的收入差距扩大等方面。

四是就业的劳动力素质结构失衡。我国技能人才尤其是高技能人才短缺的现象长期存在，且短缺的数量呈扩大趋势，技术工人、高技能人才占就业人员的比重较低，创新人才供给缺口不断加大。

还要看到，进入新发展阶段，与以往的高速增长阶段相比，我国的经济增长更依赖于创新驱动，更依赖于全要素生产率的提升，更依赖于人力资本红利的增加，这些都要求就业结构的调整必须有利于提高全要素生产率。

一系列深层次原因值得关注，需要认识到，就业结构性失衡是劳动力市场的一个常态化现象，在世界各国普遍存在。造成就业结构性失衡的深层次原因有很多，既有时代发展大势的驱动，又有国际局势的影响，还有国内相关领域建设存在短板等因素。

技术进步挤压低技能劳动者的就业空间。新一轮科技革命和产业变革方兴未艾，其带来的激烈竞争前所未有。比如，数字经济相关产业发展壮大，倒逼产业结构优化，进而推动就业结构升级。又如，自动化、智能化、网络化广泛渗透，促使传统劳动密集型产业用工替代速度加快，使原有的就业岗位被淘汰或升级。这些都对传统就业岗位形成冲击。从总体趋势上看，技能单一、年龄偏大、学习能力不强的劳动者或将面临结构性失业。

国际环境波动影响产业劳动力需求。当前，国际环境依然复杂严峻，不稳定不确定因素较多，外贸出口企业的市场预期较弱。世界范围内产业链供应链面临重构，"逆全球化"抬头，全球经济复苏前景不确定性上升。这些都对特定产业或者产业链某一环节上的用工需求产生影响。

2. 女大学生就业难问题

全国妇联、教育部、人力资源和社会保障部联合印发《关于做好女性高校毕业生就业创业工作的通知》(以下简称《通知》)，要求共同推进女性高校毕业生就业创业工作，完善对女性高校毕业生就业创业的支持举措，促进女性高校毕业生更加充分更高质量就业。

目前，女性高校毕业生就业难已成为一个社会问题。女大学生就业存在就业率不高、岗位不理想、用人单位多重标准限制、用人单位对女大学生要求偏高等现实困境。女大学生就业歧视问题的存在，与其说反映了我国高等教育就业市场供求关系的失衡，不如说反映了就业市场的不完善和相关法律法规的缺失。

积极消除大学生就业中的性别歧视，扩大和畅通女大学生就业渠道，是当务之急。只有在一个公平、公开、公正的劳动力市场制度下，女性的就业权益才能得到充分保障，各种性别歧视现象才会得到有效遏制并最终消失。本次《通知》的出台，一定程度上体现了国家下大力量解决女性高校毕业生就业歧视问题的决心。《通知》中明确要求，要强化市场监管，畅通投诉举报渠道，对反映涉及就业性别歧视的问题及时核查处理，对涉嫌就业性别歧视的用人单位实施联合约谈。可见在支持促进女性高校毕业生就业方面力度之大、决心之大。

支持女性高校毕业生更高质量就业，能促进女性群体可持续发展、提高人口素质、促进家庭和谐。从大学生就业难的原因来看，传统文化、传统性别观念的影响是导致女大学生就业难的历史原因；当今社会，整体就业形势严峻、供求不匹配等客观因素影响女大学生顺利就业；从女大学生本身的素质和心理等角度分析，也存在求职观念不合理、社会角色转变慢等问题，这些是造成女大学生就业难的主观原因。

女大学生就业难问题，不是一朝一夕就能解决的事情，最终要靠政府、高校、企业之间的通力合作来彻底解决。政府要建立健全公共政策及法律法规体系保障女大学生就业，利用舆论宣传营造宽松的就业环境。高校应努力改革课程设置和人才培养模式，加强有针对性的职业生涯规划指导和心理辅导；女大学生也要转变求职观念，保持良好的择业心态。如此，女大学生更充分更高质量就业才能实现。

第二节 就业政策

大学生就业制度和相关政策是大学生求职择业的重要依据，对于面临就业的毕业生来说，了解大学生就业制度的建立和演变的过程，掌握国家的就业方针和政策规定，对于树立正确的择业观念、明确就业方向、把握就业机遇、实现成功就业有着重要意义。

一、大学生就业制度的变革

大学生就业制度是指国家为规范大学生的就业行为，确保大学毕业生就业工作的有序进行，制定的一系列针对大学生就业的制度与政策。经济基础决定上层建筑，一个国家的大学生就业制度作为上层建筑的一种表现形式，同样也会随着其社会经济基础的变革而变革。

中华人民共和国成立以来，为适应不同历史时期政治经济发展的需要，我国的大学生就业制度大致可分为分配阶段和就业阶段。分配阶段就是通常所说的"统包统分"，也有人称之为计划分配，其主要特征就是毕业生到工作单位报到的凭证被称为派遣证；就业阶段就是现在所实行的就业制度，它又包括"供需见面"和"双向选择"两个阶段，其主要特征就是毕业生到工作单位报到的凭证被称为报到证。

1. 计划经济体制下的就业制度

1949年中华人民共和国成立初期，全党、全国人民的重要任务之一是恢复生产，进行经济建设。中国社会时值百废待兴、百业待举的历史时期，大规模经济建设的形势，使党和政府倍感人才的匮乏。1950年，国家根据政治形势和经济建设的需要，提出了"统一计划兼筹并顾""集中、重点配备"的方针，实行与计划经济相适应的毕业生"统包统分"制度。

2. 社会主义市场经济下的大学生就业制度

党的十一届三中全会以后，随着中国经济发展和劳动人事制度改革的不断深入，中国大学毕业生就业制度也不断进行着改革，其发展过程大致经历了三个历史时期：供需见面、双向选择和自主择业。从20世纪80年代初开始，国家在对高校大学生继续实行计划派遣就业的同时，紧密结合经济体制和教育体制改革实践的需要，对毕业生分配工作进行了一些积极的探索和尝试，相继出台了一些改革措施和办法。1985年，中共中央颁布了《关于教育体制改革的决定》，标志着中国大学毕业生就业制度改革正式拉开了帷幕。首先，改变了由政府定计划的办法，实行由主管部门和高等学校上下结合的方式编制毕业生分配计划。其次，在落实计划时采取了一定范围内"供需见面"的方式。"供需见面"，是指学校与用人单位通过计划内的供需见面落实毕业生就业，而毕业生与用人单位并不直接见面。这是在"统包统分"这个模式还没有被打破的基础上，对具体做法加以修改的就业形式。1989年，国务院下达文件，批准了原国家教委提出的《高等学校毕业生分配制度改革方案》（又称"中期改革方案"）。改革的目标是在国家就业方针、政策指导下逐步实行毕业生自主择业，用人单位择优录用的"双向选择"制度。1993年2月1日，中共中央、国务院颁布了《中国教育改革和发展纲要》（以下简称《纲要》）。《纲要》明确指出毕业生就业制度改革的目标是：改革高等学校毕业生"统包统分"和"包当干部"的就业制度，实行"少数毕业生由国家安排就业，多数毕业生自主择业"的就业制度。为进一步加快教育体制改革步伐，原国家教委于1994年在《关于进一步改革普通高等学校招生和毕业生就业制度的试点意见》中又明确提出：从招生开始，通过建立收费制度，改变学生上大学由国家包下来，毕业后由国家包安排就业的做法。同时，建立相应的奖学金、贷学金、助学金制度，鼓励学生努力学习，引导毕业生参与劳动力市场的竞争。国家不再以行政分配而是以方针政策指导、奖学金制度和社会需求信息来引导毕业生在一定范围内自主择业。随着高校毕业生就业制度改革的不断深入，以"市场为导向、政府调控、学校推荐、学生与用人单位双向选择"为核心的毕业生就业市场化运作模式已初步形成。

二、现行大学生就业制度

经过不断的探索调整，我国大学生就业市场逐步走向规范化、法治化。当前中国的大学生就业制度可以概括为：市场导向、政府调控、学校推荐、学生和用人单位双向选择。

（一）国家公务员制度

国家公务员是指各级国家行政机关中除工勤人员以外的工作人员，既包括各级人民政府组成人员，也包括在各级国家行政机关中从事党委、社团组织工作的专职工作人员。现代公务员制度，包括录用、晋升、退出、工资激励、权利保障等机制。考试录用制度是公务员制度的一个重要组成部分，是吸引全社会的优秀人才参与公共事务管理，加入国家公务员队伍的一个重大举措。公务员考试可以是全国性的，也可以是地域性的或者部门性的。《中华人民共和国公务员法》明确指出公务员录用考试采取笔试和面试等方式进行，考试内容根据公务员应当具备的基本能力和不同职位类别、不同层级机关分别设置。公务员报考的程序：首先，由招录部门通过网络、报纸等媒体发布公务员招考公告，包括报考的内容、科目及报考地点。其次，考试报名和考试资格审查。公务员报考资格审查主要是为了了解报考者的情况。再次，考试和面试。最后，公布和备案或者是审批。对于通过考试和面试拟录用的人员名单，由招录机关按照规定进行公示，公示期满，不影响录用的由招录机构将拟录用人员名单，按照规定报录用主管部门审批。全国和省、市公务员招考公告和报名考试录用分别发布进行。国家公务员招考公告一般在每年的10月中旬发布，各省招考时间不同，自行决定。公务员招考公告发布和报名网站主要是国家人事网和地方人事网。

（二）职业资格证书制度

中国在特定行业实行就业准入制度。就业准入，是指根据《中华人民共和国劳动法》和《中华人民共和国职业教育法》等的有关规定，对从事技术复杂、通用性广，涉及国家财产、人民生命安全和消费者利益的职业（工种）的劳动者，必须经过培训，并取得职业资格证书后，方可就业上岗。实行就业准入的职业范围由人力资源和社会保障部确定并向社会发布。职业资格证书是表明劳动者具有从事某一职业所必备的知识和技能的证明。

（三）就业协议书制度

就业协议书制度是指国家为了保护学生利益，依法办事，规范学校、学生本人、工作单位三方在毕业生就业工作中的行为而实施的一项制度。这一制度有利于约束就业市场主体行为，规范就业市场秩序，保护各方利益，避免以往就业工作中的不合法现象。《全国普通高等院校毕业生就业协议书》（以下简称就业协议）是明确高校毕业生、用人单位和学校在毕业生就业工作中权利和义务的书面表现形式，是学校、学生本人、工作单位三方就毕业生离校后就业工作落实所签署的一种一式三份的协议书。就业协议一般由教育部或各省、市、自治区就业主管部门统一制表，由学校发放。应届高校毕业生与用人单位达成就业意向后，通常签订就业协议。

（四）劳动合同制度

劳动合同制度是中国改革开放以后普遍实行的劳动用工制度。20世纪90年代中期以来，随着《中华人民共和国劳动法》《中华人民共和国合同法》（现已被《中华人民共和国民法典》替代）的施行，劳动合同制在中国各类企业当中广泛推行。《中华人民共和国劳动法》和《中华人民共和国民法典》是调整劳动关系的基本法律。大学生就业的实质是与用人单位建立劳动合同关系。劳动法规指导可以帮助大学毕业生依法办事，用劳动法维护自身的权益，履行应尽的义务。

（五）人事代理制度

人事代理是指在社会主义市场经济条件下，经组织人事部门批准或授权指定的人才服务机构（指政府人事部门所属人才交流服务机构），受单位和个人委托，运用社会化服务方式和现代化手段，按照国家有关政策和法规规定，为其代办的有关人事业务。简单地说，就是把"单位人"变成"社会人"，实现人事关系管理与人员使用分离，即单位管用人，代理机构管"事"，如档案管理、计算工龄、评定职称、社会保险等由人才交流中心代管。人事代理制度使得用人单位与被聘用人员只受双方签订的聘用合同的约束。用人单位有充分的用人自主权，而劳动者则享有充分的择业自主权和自由流动权，真正实现了

"单位人"到"社会人"的转变。

（六）失业登记制度

在法定劳动年龄内，有劳动能力和就业要求，处于无业状态的城镇常住人员，可以到公共就业服务机构进行失业登记。失业人员凭失业登记证明享受公共就业服务、就业扶持政策或按规定申领失业保险金。失业登记的具体程序和失业登记的证明样式，由省级劳动保障行政部门统一规定。毕业生毕业半年以上未能就业并要求就业的，可持学校证明到户籍所在地市或县级劳动部门办理失业登记。

（七）就业见习制度

根据2006年3月22日人事部、教育部等联合发布的《关于建立高校毕业生就业见习制度的通知》的文件精神，就业见习制度是为了帮助回到原籍的、尚未就业的高校毕业生实现就业而推出的政策，类似实习制度。相关部门每年将组织没有就业的高校毕业生到基地参加见习，同时为见习高校毕业生提供免费就业服务。例如，《珠海市高校毕业生就业见习管理办法》规定，毕业后一年内未能就业的高校毕业生可以直接向见习基地申请参加就业见习，也可以参加市人才就业中心组织的供需交流活动；就业见习期一般为3~6个月，最长不超过12个月，具体时间由见习基地与见习人员自行商定；高校毕业生参加就业见习期间，见习基地每月应提供不低于本市最低工资标准80%的生活补贴，见习基地支付生活补贴后，政府按本市最低工资标准的50%发放见习基地补贴，补贴期限最长6个月，具体补贴条件、申领程序按本市有关规定执行。

三、大学生就业政策

国家关于高校毕业生就业的政策主要体现在两个文件中：一个是2002年3月4日印发的国务院办公厅19号文件，即《国务院办公厅转发教育部等部门关于进一步深化普通高等学校毕业生就业制度改革有关问题意见的通知》；另一个是2002年10月14日印发的教学〔2002〕16号文件，即《教育部公安部人事部劳动保障部关于切实做好普通高等学校毕业生就业工作的通知》。这两个文件的内容体现了现在及今后一个时期内高校毕业生就业工作的国家主要政策，即高校毕业生在国家就业方针政策指导下，通过"供需见面、双向选择"自主择业。已落实工作单位的毕业生，国家负责为其办理就业手续，在规定时间内未落实工作单位的毕业生，学校将档案、户口转回其家庭所在地，由当地毕业生就业指导服务机构帮助推荐就业。具体的就业政策如下所述。

（一）定向生就业政策

定向生原则上按入学时合同就业。确因特殊情况不能回原定单位就业的毕业生，须征得原单位的同意报就业主管部门批准，并交纳相关的违约金和培养费后，可调整就业单位。

（二）结业生就业政策

在规定时间内，未联系单位的，其档案、户籍关系转至家庭所在地（家住农村的保留非农业户籍），自谋职业。已被录用的结业生，在国家财政拨款单位就业的，按照国务院有关文件规定，其工资待遇比国家规定的普通高校毕业生工资标准低一级。结业生在一年内补考及格后换发毕业证书者，国家承认其毕业资格，工资待遇从补发证书之日起按毕业生对待。

（三）肄业生就业政策

学校发给肄业证书，将其户口、档案转回生源所在地，国家不负责对肄业生办理就业手续，由肄业生自谋职业。

（四）毕业生自费出国留学的政策

毕业生可以申请自费出国留学，申请自费出国留学的毕业生不参加就业，凭国（境）外大学的录取通知书，在学校规定的期限内提出申请，经学校教务和毕业生就业管理部门审核同意后，不列入就业计划。毕业生集中离校时未办妥手续的，原则上将其户口转至家庭所在地，继续办理出国手续。

（五）患病毕业生就业政策

患病毕业生不能坚持正常工作的，可回家休养。一年内治愈的（须经学校指定县级以上医院证明能坚持正常工作的）可以随下一届毕业生就业。一年以后，仍未痊愈或无用人单位接收的，户籍关系和档案材料转至家庭所在地，由其自谋职业。

（六）应届毕业生到部队就业的政策

根据规定，应征入伍服义务兵役大学生的年龄：普通高等学校在校生为年满18~22周岁、大学毕业生放宽到24周岁。

高校毕业生应征入伍服义务兵役，除享有优先报名应征、优先体检政审、优先审批定兵、优先安排使用"四个优先"政策，家庭按规定享受军属待遇外，还享受优先选拔使用、学费补偿和国家助学贷款代偿、退役后考学升学优惠、就业服务等政策。

（七）志愿服务西部计划、服务基层的大学毕业生就业政策

国家鼓励大学毕业生到西部去、到基层去、到农村去、到中小企业去就业。国家规定对于原籍在中、东部的大学毕业生到西部工作，实行来去自由政策，大学毕业生可提前定级，放宽专业技术资格、职务评定标准，并根据实际情况适当提高工资标准。按照先行试点、逐步推广的方式，公开招聘高校毕业生担任农村、社区基层组织管理职务，如村（居）党支部书记助理、村（居）委会主任助理等，工作一段时间后，可通过法定程序安排担任其他职务，给予适当的生活补贴。苏州甚至规定，县级以上机关每年拿出不低于30%的职位招录选聘到村、社区任职合格的毕业生。

（八）对就业困难的高职院校毕业生进行职业资格培训

为了提高就业能力，教育部、人社部正在继续实施"高职院校毕业生职业资格培训工程"，对就业困难或需要培训的应届高职毕业生进行职业技能培训和职业技能鉴定。有关培训费用主要由教育系统承担，职业技能鉴定费用由劳动部门适当减免。

（九）自主创业鼓励政策

国家鼓励和支持高职院校毕业生自主创业。从事个体经营和自由职业的毕业生，可将档案存放在其常住地经人事部门授权的人才交流机构或县级以上政府授权的公共职业介绍机构，并按当地政府的规定，到社会保险经办机构办理社会保险登记，缴纳社会保险费。为鼓励和支持高校毕业生自主创业，工商和税务部门要简化审批手续，积极给予支持。凡高校毕业生从事个体经营的，除国家限制的行业外，自工商部门批准其经营之日起1年内免交登记类和管理类的各项行政事业性收费。如广东省出台的《关于鼓励创业带动就业工作的意见》中规定，大中专和技校毕业生毕业2年内从事个体经营的，自工商注册登记之日起3年内，免交登记类、证照类和管理类等行政事业性收费。有条件的地区由地方政府确定，在现有渠道中为高校毕业生提供创业小额贷款和担保。地方政府鼓励大学生自主创业的政策主要有：税费减免政策、贷款担保政策、财政补助政策、促进就业和社会保障政策。

（十）生活困难的高职毕业生的就业资助政策

对高职院校毕业生因患病等原因短期内无法就业且生活困难者的，可由毕业生生源所在地民政部门参照当地低保标准给予临时救助。申请临时救助，应按照最低生活保障的申请办理审批程序。救助期不超过1年。1年后家庭仍有困难的，可按有关规定申请享受最低生活保障或其他社会救济。对于滞留高校尚未办理户籍迁移的困难毕业生，民政部门不予受理。

拓展阅读

1. 广西高校毕业生"留桂就业计划"工作方案

方案提出，开展高校毕业生政策服务专项落实行动，全面落实自治区层面和地方层面留桂政策措施，鼓励各地因地制宜出台更大力度支持高校毕业生创业就业政策，形成政策清单、服务清单和经办机构清单并公开发布。

广西将开展"筑梦广西，未来有你"政策宣讲行动，举办"人力资源社会保障厅（局）长进校园"巡回宣讲活动、地方就业创业政策和招才引智政策解读活动，推进"广西青年爱广西"就业促进"1+10"帮扶计划，强化高校毕业生对广西经济发展趋势和就业创业环境的认识。

广西将开展重点优质企事业单位岗位推送行动，开展国企招聘专项行动、广西高校毕业生招聘季活动、广西院校结对就业服务行动、"千校万岗"广西大中专学生就业精准帮扶行动招聘会等,实施一般院校低收入家庭学生就业帮扶计划,全区范围内不间断举办高校毕业生招聘活动。

广西将稳定农村义务教育阶段学校教师特设岗位计划、"三支一扶"计划、大学生志愿服务西部计划等基层服务项目岗位规模,继续推进乡村振兴村级协理员专项计划、大学生社区实践计划。对到县以下基层单位就业的高校毕业生,按规定给予学费补偿和国家助学贷款代偿、高定工资等政策支持。

此外,广西将开展青年就业见习质量提升行动和青年创业示范推介行动,深入推进"百万就业见习岗位募集计划"、大学生实习"扬帆计划"等,组织开展第九届广西创业大赛、中国国际"互联网+"大学生创新创业大赛广西赛区选拔赛、广西青年创业创新大赛、"挑战杯"广西大学生创业计划竞赛等赛事活动,大力培育选树创业创新典型,推动一批优质创业创新项目落地发展。

广西还将充分发挥创业孵化基地等创业平台优势,优先向高校毕业生提供政策代办、成果转化、跟踪扶持、咨询服务等一站式服务,实施大学生创业帮扶计划,提升高校毕业生等青年的创业意识和创业能力。

2. 报到证制度取消

就业报到证,由原来"派遣证"转化而来,是应届普通高等学校、应届普通中等专业学校(普通全日制,也就是统招生。)毕业生到就业单位报到的凭证,也是毕业生参加工作时间的初始记载和凭证。毕业生到就业单位报到时,须持"报到证"。由教育部印制,省、市、自治区教委(教育厅)签发,分上下两联,上联由毕业生本人报到使用,下联由学校装入毕业生档案。

报到证是毕业生转移人事档案关系和户口关系的凭证。

报到证的用途主要包括:一是教育主管部门正式派遣毕业生的凭证;二是毕业生到用人单位报到的凭证;三是用人单位接收毕业生的重要证明;四是任何一个合法的人才中心、档案管理机构接收毕业生档案的证明;五是用人单位给毕业生落户、接管档案的重要凭证;六是毕业生的干部身份证明。

2023年,中共中央组织部、人力资源社会保障部、教育部、公安部、国务院国资委发布《关于做好取消普通高等学校毕业生就业报到证有关衔接工作的通知》(以下简称《通知》)。《通知》明确,2023年起,不再发放《全国普通高等学校本专科毕业生就业报到证》和《全国毕业研究生就业报到证》(以下统称"就业报到证"),取消就业报到证补办、改派手续,不再将就业报到证作为办理高校毕业生招聘录用、落户、档案接收转递等手续的必需材料。档案转递衔接方面,《通知》明确,2023年起,组织人事部门和档案管理服务机构在审核和管理人事档案时,就业报到证不再作为必需的存档材料,之前档案材料中的就业报到证应继续保存，缺失的无须补办。在毕业生报到入职时，用人单位可凭劳动（聘用）合同或就业协议书（含网签协议）或普通高等教育学历证书或其他双方约定的证明材料，为高校毕业生办理报到入职手续。

《通知》还要求，各地各有关部门、用人单位和高校要认真梳理调整原涉及就业报到证的办事规则流程并及时公告，进一步精简证明材料，切实做好取消就业报到证有关工作衔接。

案例分析与讨论

【案例】

学校组织即将毕业的大学生召开了毕业座谈会。会上，王同学、赵同学、刘同学发表了自己的看法。

赵同学说："从专业类别看，国家经济命脉行业对应专业的高校毕业生就业情况较好，初次就业率较高，我学的是能源电力类专业，成绩也不错，我觉得我找工作应该比较容易，工作单位也应该比较好。"

王同学说："从地区看，广东、浙江等东部发达地区人才需求量大，需求总量大于当地的生源数；我们中西部不少省、市虽然有较大的用人需求，但面临的问题是工作条件和生活条件艰苦，往往招不到合格的人才，出现了'有地方没人去，有人没地方去'的现象；在一些经济不发达的西部地区，当前就业岗位相当有限，难以吸纳本地毕业生。我学的是通信计算机类专业，想去大城市，又担心竞争太激烈，可是去西部吧，又觉得太艰苦了，想想我的未来，真是发愁啊！"

刘同学说："从专业看，一些紧缺专业特别是工科专业，如通信、电子、电力、机械等专业，毕业生需求旺盛，供不应求；而一些文科类专业，如人力资源管理、会计学等专业，毕业生需求较少。我学的是人力资源管理，想想未来就觉得头疼。"

【案例思考与讨论】

（1）王同学、赵同学、刘同学三位毕业生对就业形势的分析是否有道理？请对此进行分析。据你所知，还有哪些内容可以补充？

（2）三位毕业生对就业的态度是怎样的？是否可取？请你结合当前就业形势、专业情况和自身实际，客观分析自身的处境。

课堂探索活动

活动一：热门职位探索活动

在广西人才网的大数据专栏查阅时下的职位竞争排行和热门职位排行，某时段的排行数据，如图 1-1 所示。

职位竞争排行				热门职位排行			
本期排名	职位名称	竞争指数	名次变动	本期排名	职位名称	关注度	名次变动
1	化验员/检测员	13.27	13↑	1	会计师/会计	7.22	—
2	院校教务管理人员	5.46	1↓	2	行政专员/助理	6.10	—
3	高级建筑工程师/...	5.26	20+↑	3	人力资源/人事专...	3.65	—
4	统计师/统计专员	4.10	20+↑	4	工程造价/预结...	3.47	1↑
5	网络/网站运营专...	3.77	20+↑	5	施工员	3.23	1↓
6	律师/法务助理/...	3.73	20+↑	6	资料员/合同管理...	3.10	1↑
7	行政司机	3.27	5↓	7	行政司机	2.62	4↑
8	护士/护理人员	3.09	12↑	8	出纳	2.59	2↓
9	施工员	2.93	3↑	9	仓库管理员	2.49	1↓
10	工程监理/督导/...	2.84	20+↑	10	文员/打字员/电...	2.43	1↓
11	物业管理专员/助...	2.82	20+↑	11	工程管理/项目经...	2.00	1↓
12	收银/收费员	2.68	8↓	12	客服专员/助理（...	1.94	—
13	后勤/总务/话务	2.52	20+↑	13	行政经理/主管/...	1.89	—
14	仓库管理员	2.49	20+↑	14	工人/操作员	1.63	—
15	保安人员/保镖	2.42	20+↑	15	人力资源/人事经...	1.52	—

图 1-1　职业竞争排行和热门职位排行

活动二：本区域就业形势探索活动

在广西人才网的大数据专栏查阅上一年度的人才供求报告。

在查看"总体供需变化特点"栏目时，重点查看图表：近十年的需求人才变化曲线和近十年的求职人才变化曲线。在查看"产业和行业人才需求分布特点"栏目时，关注自己的专业在广西本地的分布特点。在查看"地域供需分布情况"一栏时，根据需求岗位的多少和个人的就业价值观确定自己工作的意向城市。

活动三：招聘高峰探索活动

主题讨论：通过网络查找资料，了解每年的招聘高峰是什么时间，每次的高峰有何特点，并在讨论区作答。

活动四：就业准备度探索活动

在学习通中完成以下五个问题的选择：

（1）你是否清楚自己能够胜任的工作类型？

（2）你是否了解用人单位的招聘流程、渠道和用人条件？

（3）你是否清楚获得用人单位招聘信息的各种渠道？

（4）你知道求职过程会面临哪些挫折和风险，掌握调整心态的方式方法了吗？

（5）你是否清楚自己喜欢在哪个城市工作？

活动五：就业观念探索活动

在学习通中完成以下五个问题的选择：

（1）就业时你认为企业最看重的是什么？

（2）你希望你的第一份工作是怎样得来的？

（3）在选择就业时，你认为什么最重要？

（4）你做过自己未来三年到五年的发展计划吗？

（5）毕业后如果选择直接就业，你会选择什么工作？

课后任务

（1）大学生就业市场的发展趋势是怎样的？这些趋势对你的就业计划有什么影响？

（2）如何理解国家经济形势的发展与个人就业是息息相关的？

（3）"大学生需要对就业形势和自身状况有一个清醒的认识，不必盲目在大城市扎堆，在小城市、在基层、在农村，同样有锻炼成长的机会，同样可以施展才能。"对于这种说法，你是如何理解的？

（4）面对越来越严峻的就业形势，你对大学生就业难有何对策与思考？

（5）观看视频"青年在选择职业时的考虑"，并在学习通中撰写将来自己就业时的考虑，不少于50字。（学习通中完成任务）

第二章　就业信息收集与就业心理

教学目标

知识目标：了解就业信息收集的原则，了解常见的大学生就业心理问题；理解影响大学生就业心理的因素；掌握就业信息的收集、整理、筛选与利用方法；掌握大学生就业求职的主要途径；掌握大学生就业心理调适方法。

能力目标：能通过各种途径有效获取就业信息，并筛选出适合自己的就业消息；能正确看待求职挫折，缓解负面情绪。

素质目标：培养搜集与处理信息的习惯和能力，增强信息搜集与利用的针对性和实效性，培养家国情怀和社会责任感。

知识内容框架图

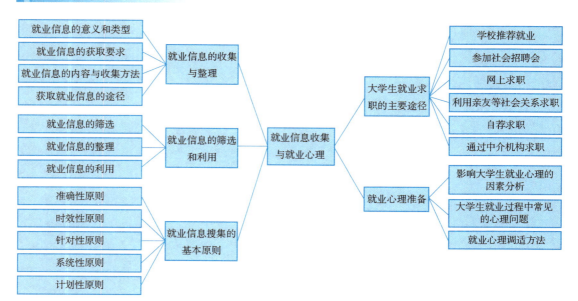

学习任务流程图

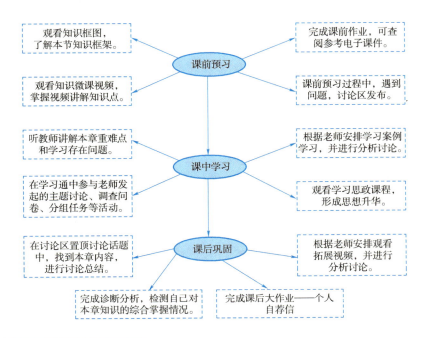

课前小组实践活动作业

就业信息收集

具体要求：收集与本专业相关的用人单位招聘信息，将收集到的招聘信息进行对比，筛选出小组成员比较感兴趣的三条招聘信息，逐一分析用人单位的基本情况、招聘岗位的任职条件、应聘要求等，并制作成PPT上传到学习通。

第一节 就业信息的收集与整理

一、就业信息的意义和类型

（一）就业信息的意义

就业信息对每一位谋求工作的毕业生来说至关重要。择业决策的过程实质上就是一个与择业有关的信息搜集、处理和转换的过程。在择业过程中，无论是职业目标的确定、求职计划的设计，还是决策方案的选择，求职信息的搜集和处理都是基础。

就业信息是指通过各种媒介传递的有关求职就业方面的消息和情况，如就业政策、就业机构、供需双方的情况及用人信息等。就业不仅取决于一个人的知识、能力、体力、社会经济等因素，而且取决于就业信息。

（二）就业信息的类型

1. 根据信息内容的范围，就业信息可分为广义和狭义两种

从广义的角度来说，大学生从入学起就陆陆续续接收到的各种有关就业的信息和所学的知识（因为对将来的就业有价值）都属于就业信息。而狭义的就业信息则集中于大学毕业前夕获得的大量对求职者有价值的信息。

2. 根据信息的来源，就业信息可分为外部就业信息和内部就业信息

所谓外部就业信息，就是指毕业生通过各种途径获取的关于宏观的就业政策、地区的用人政策和企业的发展状况、用人单位的性质、人才需求等信息。这部分即为大多数人所定义的就业信息，正日益受到求职者的重视。相比之下，内部就业信息却常常容易被人们所忽视。那么，什么是内部就业信息呢？通过大学的几年学习锻炼，毕业生的各项能力日趋稳定、成熟，兴趣、爱好、专业特长也逐渐形成，根据这些具体因素，可以了解到自己最适合做什么类型的工作。其实，这种对自身情况的了解、分析过程，也是一种获取就业信息的过程，即掌握内部就业信息的过程。只有认真了解自己的内部需求信息，才能为更好地运用外部就业信息打下良好的基础。因此，在求职择业的准备过程之中，每一位大学毕业生不应该忽视来自自己的内部信息。

无论是广义的或狭义的就业信息，还是外部的或内部的就业信息，都可以划分为两种类型：可控信息和不可控信息。在大学学习期间，来自外部的就业信息主要是被动的、零散的，属于不可控信息；同时，由于自身条件即内部信息正在形成之中，尚可改变、把握，使之人为地、有目的地向某一个方向努力，所以此时的内部信息还是可控信息（可见职业生涯的设计越早越好）。而在毕业前夕，内部信息基本上已经定型，不可能使之发生突变，成为不可控信息；但由于外部信息是根据自身的需要主动地、有意识地寻找，因此，此时的外部信息属于可控信息。

由此可见，大学毕业生在求职择业期间，有两大因素起着决定性作用：外部就业信息和内部就业信息。由于内部就业信息此时已经转变为不可控信息，所以毕业生求职操作的方法是在了解自身特点的基础上积极搜寻外部就业信息。经过大学阶段的学习，大学生已经形成了自身的特性并对此有所了解。在择业前还可以借助人才测评软件、个别咨询等对就业信息达到全面的认识。

二、就业信息的获取要求

用人信息具有广度、效度、信度等特征。广度是指信息渠道的多少、信息的角度和层次以及量的概念；效度是指信息的各种要求是否齐备，尤其是时间上的要求以及与切身利益相关的要素是否清晰；信度是指信息的可靠性、可信度和可行性。在获取用人信息的过程中，应力求做到"早""广""实""准"。

（一）"早"

"早"就是搜集信息要及时，要早做准备，不能事到临头再去抱佛脚。毕业生在毕业半年以前就应该有针对性地对自己心仪的行业和地区的单位进行了解，搜集相关信息。

（二）"广"

"广"就是要广开渠道，网罗信息，多方面、多角度、多层次、全方位地获取用人信息。在广泛获取信息的同时，要突出重点，层次分明，不能胡子眉毛一把抓。用人信息要注意保存，以备查询。有条件的应在电脑上建立自己的信息库，专门存放自己收集的职业信息以方便管理。有的学生只注意根据自己预先设定的目标搜集有关地区、行业和单位的就业信息，而放弃或忽视了有关"后备"信息，在求职过程中遇到挫折时感到无所适从，造成被动，类似这种情况应该避免。

（三）"实"

"实"就是搜集的信息要具体，如用人单位的地址、环境、生产规模、发展前景、人员构成、生活待遇、联系人、联系电话、网址、电子邮箱等方面，越具体越好。此外还需了解清楚用人单位需要的是什么学历、什么专业、什么素质的人才，在生源、性格、相貌、外语水平等方面有无特殊要求。以上内容要求了解透彻，绝不能一知半解。

（四）"准"

"准"就是要做到准确无误。当你从各种渠道收集到大量需求信息后，要善于对比鉴别，辨别其真伪，去伪存真。一方面，用人单位需要什么层次、什么专业的人才，在生源、性别、成绩、外语、计算机水平等方面有什么特殊要求，都要弄明白；另一方面，用人信息也和商品信息一样，具有很强的时效性，你所了解的信息是不是失去时效的信息，对方是否已经物色到合适的人选？这些情况都要弄清楚，绝不能似是而非。这些都要求毕业生必须善于利用各种渠道，通过各种途径，积极主动地去搜集信息。

除此之外，在获取用人信息时，要切合自身实际，明确择业方向，原则上反对脱离自己专业、自身特点进行择业。

三、就业信息的内容与收集方法

（一）就业信息的内容

就业信息的内容非常广泛，通常应该包括以下几个方面。

1. 当年国家和地方各级、各部门以及本校针对大学毕业生就业的政策、法律规定、宏观经济形势等

大学毕业生在求职择业之前，一定要收集和研究政府的方针、政策；了解就业相关的法规、法令，学会用法律武器捍卫自己的正当权利，减少不必要的损失；并将自己所处的就业环境与宏观的经济形势结合起来，掌握了这方面的行情，不仅可以为自己的求职择业提供政策依据，而且可以少走弯路。

2. 本校、本专业毕业生在社会上的需求状况

了解本校、本专业毕业生在社会上的需求状况，及时调整自己的择业期望值，做到心中有数，有的放矢。

3. 就业信息的具体内容

了解招聘单位的情况，主要包括以下内容。

（1）招聘单位的准确全称、隶属关系，它的上级主管部门是谁（指人事管理权限），此次招聘中所需要的专业、人才的数量、使用意图、具体工作岗位及要求。

（2）招聘单位的性质及在行业中、地区中的地位以及发展前景。

（3）招聘单位的发展历史，目前的硬件设施、发展规模、经济效益、职工收入状况及其他福利待遇（奖金、住房等）情况。

（4）招聘单位的管理体制、岗位设置、技术人员、管理人员、员工培训机会、个人发展前景等方面的情况。

（5）招聘单位的人事管理制度、人才使用情况，如工作几年方能报考本科或研究生、劳动合同签订的年限等。

（6）招聘单位的地理环境、文化生活、办公条件等。

（7）招聘单位的联系方式，如通信地址、联系电话、邮政编码、联系人、E-mail 等。

4. 有关报考本科和研究生的信息

随着"升学热"的逐年升温，许多毕业生（本书中的毕业生主要指高职高专毕业生）选择报考本科或硕士研究生这条道路。从长远来看，这是一条有前途的道路，对大学毕业生充满了诱惑力和吸引力。因此有关报考本科或研究生的一些信息（如报考院校、专业、导师情况、报考人数、招生比例等）对许多毕业生来说也十分重要。

5. 对毕业生求职择业有利的其他信息

这些信息包括重要的社会关系、本地区毕业生的供需情况、男女生比例等。

（二）就业信息的收集方法

在收集就业信息时，毕业生可以采用以下方法来提高效率。

1. 全方位搜集法

把与你所学专业有关联的就业信息全部搜集起来，再进行整理和筛选，以备使用。这种方法获取的就业信息广泛，选择余地大，但需要花费较多时间和精力。

2. 定方向搜集法

根据自己选定的职业方向和求职的行业范围来搜集相关信息。这种方法以个人的专业方向、能力倾向和兴趣特长为依据，便于找到更适合自己特点、更能发挥作用的职业和单位。需要注意的是，当你选定的职业方向和求职范围过于狭窄时，有可能大大缩小你的选择余地，特别是你所选定的职业范围是竞争激烈的"热门"工作时，很可能给你下一步的择业带来较大困难。

3. 定区域搜集法

根据个人对某个或某几个地区的偏好来搜集信息，而对职业方向和行业范围较少关注和选择，这是一种重地区、轻专业方向的信息收集法，按这种方法收集信息和选择职业，也可能由于所面向地区的狭小和"地区过热"（即有较多择业者涌向该地区）而造成择业困难。

就业过程中，工作城市选取的问题

无论你是坚定决心或是仍然纠结，但是否留下来，留在这座城市，无非考虑的就是以下三种因素：社会因素、职业发展、特殊爱好。

1. 社会因素

社会因素是最大的决定性因素，在一个地方的家庭成员有多少、人脉是否广泛、经济基础怎么样，成为我们在此是否能生活和顺利工作的最大影响因素。其实有很多方法可以规避或者至少减轻社会因素对我们是否留在一个城市的影响。

2. 职业发展

异地就业有一个基本原则：不要去经济实力跟家乡差不多或者相差不大的城市就业。视线再扩展一下，对于想去国外留学以及一直想去国外工作的职场人士来说，如果你来自国内一线城市，而现在想去国外工作也需要想清楚性价比是否值得。要想方设法解决生存和发展的问题，其中最重要的就是房子，你要对当地房价有个清楚的认识。要建立大量的社会关系，人的一生中，大多数社会关系是自己开创的，而绝不是父母或者亲戚给的。职业发展的需要是我们选择就业城市以及之后决定去留的另外一个主要因素，首先考虑最能帮助我们事业发展的城市。

3. 心理憧憬

当农村对城市产生了向往，大都市的快节奏产生了对小城市悠闲走的向往，这才有了根据个人向往来判断就业城市的选择。但无论如何，为了爱好而进行的选择先要确定好自己的物质基础是否牢靠，再看人文环境和外部精神基础是否能够长久，最好三思而后行。

看完以上这些，同学们知道如何选择工作城市或者说如何选择适合自己的城市了吗？

四、获取就业信息的途径

大学毕业生正面临着日趋严峻的就业形势，谁能获得更多更有效的就业信息，谁就将赢得择业的主动权。通常来讲，就业信息的搜集主要包括以下几种途径。

（一）通过各级政府主管部门和就业指导机构获取信息

全国的毕业生就业主管部门主要是教育部和省教育厅、人事厅及各市的教育局、人事局。这些部门和就业机构的主要职责就是制定辖区的毕业生就业政策，提供大学毕业生和用人单位的信息，为毕业生就业提供咨询与服务。

（二）通过高校大学生就业指导机构获取信息

根据教育部有关文件规定，各高校都成立了大学生就业指导中心（或招生就业处）。高校大学生就业指导中心每年会及时地有针对性地向部门、地方主管部门和用人单位发出征求用人信息，因此在那里可以得到许多用人单位的需求信息。近年来，高校一般都开设了就业指导课程，专门举行系列讲座，指导大学毕业生掌握政策法规、应聘技巧及如何使用网络查询系统等，并提供各种个案咨询服务。学校就业指导中心的就业信息具有准确、可靠、多样、具体的特点，是毕业生获取就业信息最直接、最有效、最主要的途径。学校收集的信息会及时传至各学院（系），或发布在学校网页的就业信息栏中。

通过学校就业指导机构获得的信息有以下几个特点。

1. 针对性强

一般用人单位是在掌握了该校的生源情况、专业设置、教学质量等信息之后，才向学校发出需求信息的。这些信息完全针对该校应届毕业生，而在人才市场和报纸杂志上获得的需求信息，则往往是面向全社会的。因此有的毕业生不注重学校就业指导中心提供的求职信息，在参加完一个又一个人才交流会后，经常苦着脸说："所有的单位都不要我们学校、我们专业的应届毕业生，而是需要有工作经验的人。"

2. 可靠性高

为了对广大毕业生负责，在用人单位给高校的需求信息公布之前，各高校大学生就业指导机构要先审核，确保信息可靠之后才向学生发布。毕业生在找工作的同时要做毕业设计，毕竟时间有限，不可能对所有的信息都一一进行验证，而高校大学生就业指导中心为广大毕业生提供了这一服务，使其择业效率大大提高。

3. 成功率大

高校提供用人单位信息和召开供需见面会的时间一般会安排在省、市应届大学毕业生大型招聘会以前，这段时间高校掌握用人单位的需求信息最集中，数量也最大。一般毕业生只要符合条件并善于把握机会，在高校召开供需见面会时，供需双方面洽谈顺利，签订就业协议和概率就大很多。

（三）通过社会各级人才市场获取信息

随着社会主义市场经济的发展，我国人才市场中介机构也应运而生。在这里，毕业生不仅可以了解到各级各类不同的机构和职位，而且可以得到极好的锻炼面试技能和增加面试信心的机会。据悉，约有16%的成功求职者是通过人才市场的供需见面会达成意向、获得职业的，而这部分人主要是一些刚从学校毕业的大学生以及目前职位不太高的白领人士。

人才市场中介机构职业信息的特点主要有以下两点。

1. 信息量大

例如，广西人才市场每周四举行的现场人才招聘会，平均每次都有近百家招聘机构设点招聘，面向应届大学毕业生的大型招聘活动则往往会吸引更多的招聘机构前来选能纳贤。

2. 直接

在人才市场上，毕业生将直接面对招聘单位，通过彼此的交流可以获得比网络渠道更为丰富和全面的信息，更有利于毕业生正确地做出择业决策。

（四）通过新闻媒体获取信息

在传媒业高速发展的今天，广播、电视、网络、微信、报纸、杂志等新闻媒体受到了招聘机构和求职者的共同青睐。大学毕业生就业工作已经不再是个人的事件，而是受到了新闻媒体的关注，成为社会的热点。因此，大学毕业生可以通过看广告、看电视、网络、报纸、广播等了解社会生活中每时每刻发生的事情，从这些报道中捕捉自己所需的信息。有些信息可以直接拿来用，如和人们的事业发展有关系的招生、招聘、招商广告、展览、新产品、新发明等；还有一些可以启发人们的思路，如政策法规、重大赛事、社会动态、国际新闻等。特别是对于那些处于偏僻、闭塞地区的人们来说，关注新闻广播、电视传媒、网络信息，使自己和外部世界联系起来，才能发现有价值的信息，把握机会。

（五）通过社会关系网获取信息

人际网络也是获得求职信息的一个重要渠道。因为求职信息的发出者和接收者都是人，信息自始至终都是在人与人之间传递的。所以在寻找就业信息时，千万不要忘记了周围的亲戚、朋友以及朋友的朋友，也许他们会给你提供一些机会。实际上，大多数用人单位更愿意录用经人介绍和推荐的求职者。一方面，他们认为这样招聘进来的人比较可靠、放心，如果你拥有这种机会，最好不要错过；另一方面，招聘单位每天要接收数百封求职信函，而且这些求职信函在内容上并无太大的差别，所述的求职资格和工作能力也相差无几，那么招聘者面对如此众多的没有多大区别的陌生人，能有什么更好的方法来分辨究竟哪一位更强、强出多少呢？所以，在求职过程中能够让用人单位多多地注意你，就必须想出一些切实可行的办法，在关键时找熟人帮你推荐一下，也许是最为有效的。当然，关系要靠自己去发掘，采取正当途径，不可不择手段。

（六）通过社会实践（或实习）过程获取信息

社会实践是大学生自我开发职业信息的重要途径。在社会实践的过程中，通过自己的努力赢得用人单位的好感、信任，取得职业信息甚至直接谋得职业的大学生不乏其人。因此，大学生在各种社会实践活动中，在了解社会、提高思想觉悟、培养社会能力的同时，要做一个收集职业信息的有心人。比如，在社会考察活动中，应有意识地注意一些关于行业发展趋势、人才需求状况、具体单位、岗位用人的要求、途径等与大学生就业有关的问题；在社会服务活动中，应注意观察、思考，努力去发现自己原来没有想到的、潜在的职业或岗位，一旦有所发现，应及时追踪求索，捷足先登；在勤工助学等直接在用人单位进行的社会实践中，更应多看、多问，要"淡化"自己的学生身份、"打工"角色，以主人翁的姿态了解和关心该单位的事业发展，了解和关心自身和周围岗位上在职人员的工作状况，尤其在与自己的职业意向相吻合的单位或岗位实践时，要充分展现自己的才华和能力。另外，还有一个很重要的实践环节是毕业实习，毕业实习是学生踏入社会的前奏曲，是参加工作的预演，所以每个人必须充分认识到这是一种非常难得也是很有价值的经历。通过实习，一方面使用人单位对你有所认识、了解；另一方面使每位学生对择业领域有了更深的认识。如果你向单位证明你是一个可靠的职员，而单位又发现了你的潜力，那么通过实习阶段也许会获得通向职业大门的钥匙。所以要充分重视毕业实习这一教学环节，尽力建立最好、最有意义的实习关系。

（七）通过互联网获取信息

随着互联网时代的到来，互联网作为一个庞大的信息和服务资源基地，已经在商业应用、科学研究、教育、娱乐、生活、新闻等领域发挥了巨大的作用，越来越多的用人单位开始选择在网上招募员工。因此，网络求职已经成为毕业生求职的一种新常态。目前，教育部和各省已经开通了"高校毕业生就业服务信息网"或相关服务网站，这些网站包括以下几个主要功能：介绍就业政策信息、发布最新信息、提供信息服务、进行就业指导和推荐访问网站等。该网站将连接各地区就业部门与高校的子网，形成覆盖全国的高校毕业生就业信息网络。许多省市陆续建立了自己的网站，很多高校也建立了校园信息网。因此，网络求职目前已经成为大学生最常用的一条求职途径。

第二节　就业信息的筛选和利用

收集就业信息固然非常重要，但是就业信息的整理、分析、筛选同样不容忽视。这是因为：第一，毕业生在求职择业的过程中，需要了解的就业信息很多，获取的信息数量很大，途径各不相同，收集到的这些需求信息也并非为某个人提供，这就需要求职者结合自己的实际情况对求职信息做出合理的分析并为自己所用。第二，由于求职信息的来源和获得的方式不尽相同，内容必然杂乱无章，甚至模棱两可、真假难分，如果不进行分析和选择，就很可能受到误导，影响就业。

一、就业信息的筛选

（一）就业信息的分析

1. 对就业信息要进行定性、定量、定时分析

（1）就业信息的定性分析是指对就业信息进行质的分析，如就业条件、岗位特点、招聘对象等。假如就业信息的条件之一是要求本科生以上学历，那么，这条就业信息对于高职院校毕业生来说就没有意义。

（2）就业信息的定量分析是指从数量关系上对就业信息进行分析，如某一招聘岗位所需的人数与参加应聘人数之间的关系。

（3）就业信息的定时分析是指对一定时间内的就业信息发展趋势进行分析，比如一条就业信息的有效时间等。分析就业信息的方法通常有三种：对比分析法、综合归纳法以及典型分析法。

对比分析法是选出一些性质、类别相同的就业信息，然后进行优劣主次对比。这种方法在应用时要注意全面比较，将所有可比的因素全面考虑进去。综合归纳法则是把各种不同类型的就业信息进行归纳，形成一定的观点之后再进行分析，归纳时应该注意各种数据，因为在一系列系统化的数据中可以发现很多意想不到的问题。典型分析法是指组织有关专家对典型的职业信息加以分析论证并得出结论，这种分析法一般要由大学生就业主管部门或各级人事部门组织进行。

2. 单独用人单位信息具体分析

在毕业生选择单位时，往往会出现这样一些错误：对用人单位的情况不甚了解，又没有进行横向对比，于是在择业时带有很大的随意性和盲目性，如只挑选大城市而不问用人单位的性质、业务范围；盯着有"关系"的单位，企图靠"关系"得到提拔和重用；还有的只图单位名称好听就盲目拍板，等等，而这些都是片面的。那么如何才能避免一些假象，对用人单位做出客观的评价呢？这关键取决于掌握用人单位信息的情况。

掌握用人单位的信息，不仅是指在招聘广告和职业信息中选择最适合自己的求职机会，而且应包括在初步确定自己想应聘的职业或岗位后，对该招聘单位及应聘岗位的工作要求有所了解。对招聘信息多掌握一点，求职的选择机会就多一点，对招聘单位多了解一点，求职成功的希望就多一点。掌握和了解用人单位的信息量越大，判断准确率越高；反之，则越低。

对于用人单位的信息，可以从该单位的介绍资料中获得，也可以到当地的工商管理部门或企业的主管单位进行了解。当然，如果认识一些已在该单位就职的人员，也可以从他们那里获得更多更有价值的信息。到企业进行社会实践、生产实习与参观考察将会对企业有更多的了解和认识，从而做出适合自己的职业抉择。

有关用人单位资料的调查提纲如下。

（1）企业是否得到工商部门认可；

（2）企业的性质、规模、占地面积、固定资产总额、职工人数、人均收入等；

（3）主导产品、产品的市场占有率、生产总量与销售总额；

（4）企业内是否有适合自己兴趣的工作岗位；

（5）企业的福利、工资、津贴、住房、医疗保险、养老保险、生活设施等；

（6）晋升的机会；

（7）企业领导人的学历与人品；

（8）现企业职工对企业的评价；

（9）企业的社会知名度；

（10）企业效益是呈增长趋势还是下降趋势；

（11）企业有没有濒临倒闭的风险；

（12）工作的劳动强度；

（13）工作环境：包括设备条件、安全保护、污染等。

（二）就业信息的鉴别

1. 就业信息的要素

一条比较好的就业信息应该包括以下要素。

（1）用人单位的全称、性质及上级主管部门名称；

（2）用人单位的实力、远景规划、在行业中以及社会上的地位；

（3）对求职者年龄、身高、相貌、性别、体力等生理条件方面的要求；

（4）对求职者敬业精神、工作态度等方面的要求；

（5）对求职者学历、职业技能和其他才能的特殊要求；

（6）对求职者价值观、兴趣、气质等心理特征方面的要求；

（7）个人发展的机会、工资收入、福利待遇等。

对就业信息进行鉴别的目的主要是辨别其真伪及可靠性、实用价值等，鉴别的对象主要是前面阶段加工整理的资料。

2. 就业信息的鉴别

（1）就业信息的真伪性。真实性是就业信息是否可靠的基本前提。了解就业信息的真伪，一定要弄清楚就业信息的来源渠道、信息的提供者、提供者发布该信息的依据。

（2）就业信息的权威性。判断就业信息权威性的方法有：了解就业信息的来源与质量，掌握信息提供者的背景，比较同类信息。如从国家政府部门来的就业信息，人事部门最有权威；从学校来的信息，毕业生就业指导办公室最有发言权。对于不明渠道发布的信息则要仔细斟酌。

（3）就业信息的相对性。任何就业信息都是在一定的时间、地点下发布的，而事物又是在不断发展变化的。今天有用的就业信息，明天就有可能没有任何价值，因为岗位可能已经被他人抢先获得。所以，应该注意就业信息的相对性，就业信息是动态的信息，具有时效性。

（4）就业信息的适合性。搜集就业信息的目的就是为自己找一个合适的岗位。可以从专业性、兴趣爱好及性格特征三个方面来鉴别就业信息的适合性。

① 专业的适合性。专业对口，往往是用人单位与应聘者的共同目标。专业对口可以缩短个人进入职业岗位后的适应期，使个人更容易发挥专业特长，避免自己专业资源的浪费，也可以减少单位在职业培训中的投入。因此，应该选择专业对口的就业信息加以考虑。

② 兴趣爱好的适合性。兴趣爱好是一个人在职业中取得成功的重要条件，对所从事的工作有兴趣，不仅可以促使从业者投入大量的精力，而且对其身心健康有益。在大多数情况下，一个人的专业特长与兴趣爱好是基本一致的，不过也有两者发生矛盾的情况，此时一定要权衡利弊，做出决策。

③ 性格特征的适合性。如前所述，一个人的性格特征本身无所谓好坏，但是就具体的工作职位而言，性格特征是有适合与不适合之分的。为此，在考虑专业性和兴趣爱好的同时，也要兼顾求职信息与自己性格之间的吻合度。如果自己是一个性格内向、不善言谈的人，那么药品营销等需要口才好、善于交际的招聘信息则对自己没有多大的价值。

（三）就业信息的科学筛选

当对收集到的求职信息进行鉴别之后，就要结合自己的实际情况，依据国家有关政策、法规以及社会常识对它们进行去伪存真、去粗取精的筛选。筛选是对就业信息进行科学处理的一个重要环节，一般有以下几种方法。

1. 对比剔除法

这是最简便的方法之一。从各种不同渠道、方式获得的就业信息难免会有相同的，因此必须将收集到的就业信息进行对比之后，剔除重复的信息。

2. 排序法

这种方法就是对所收集的就业信息资料逐一分析，按照时间顺序进行排列。在同一时期内，选取较新的信息，舍弃较旧的过时信息。这样，可以使就业信息在时间上更有价值。

3. 类比法

这种方法就是将就业信息按照用人单位的地域、性质、待遇等类别进行对比，接近自己需求、自身条件的保存，否则摈弃。

4. 评估法

这种方法需要有一定的专业知识和有经验的人士做出评估。大学毕业生可以请教这方面的专业人士，如人事部门的工作人员、大学生就业指导中心的教师等。

在运用上述方法时，还要把握以下几点。

（1）分清主次，掌握重点。

求职择业是一个复杂的过程，就业信息可以全面收集，但在比较筛选之后，就要把那些从"小道"得来的或几经转达得来的信息与经证实的、有根据的信息区别开来。前者有待于进一步证实，后者则应重点选出、标明，注意留存，并付诸实施。即使是真实的信息也并不是每条都适合毕业生的实际情况。因此，毕业生要对自己掌握的就业信息进行比较和选择，分析它所需要的人才特点、对人才使用的方向以及该单位的发展前景等。有些用人单位从长远看能够给求职者比较大的发展空间，目前可能条件差一些，这就要求毕业生应独具慧眼。

（2）善于鉴别，去伪存真。

信息的价值首先在于真实性。因此，从不同渠道收集的大量需求信息，首先要对其进行分析，以确定它的真实可靠程度。信息既蕴藏着机会，又可能包含着陷阱。有的用人单位真心求才，所发布的就业信息也真实可靠；有的用人单位因实力不济，又想招到优秀人才，于是浮夸粉饰，真假掺和；还有一些中介机构利用大学毕业生涉世未深、求职心切的心理，以诈骗毕业生钱财为目的，发布虚假信息。这就要求大学毕业生在求职过程中必须提高警惕，分析和鉴别所收集求职信息的真伪性，通过一切可能的知情人，从不同角度分析和澄清疑点，识别其真伪，去伪存真，全面了解求职信息的内容，尽可能地掌握更多的情况，避免上当受骗。

（3）不耻多问，了解全面。

当毕业生收集到一些需求信息后，为了全面了解信息，弄清楚其可靠程度，应当通过各种办法，通过有关知情人士去证实澄清，以确定信息的可靠程度。对于重要的信息要寻根究底，以求了解透彻，不能一知半解。

（4）适合自己，避免盲从。

大学毕业生在求职择业时首先对自己应该有一个全面而准确的评价，不但要清楚自己想干什么，更要弄明白自己能干什么。要清楚自己的兴趣爱好、气质特点、性格特点、基本素质、专业知识、技术能力等，在此基础上，才可以判断就业信息是否适合自己。

（5）选择决策，处理及时。

现代社会节奏快、变化快，信息传播的速度快、共享度极高。如果毕业生不积极主动地去把握，机会则稍纵即逝。因此，当大学毕业生得到就业信息之后，一定要尽快分析、及时处理，并向信息发布者反馈信息。早点行动未必一定能得到这个岗位，但是拖延时间就有可能失去这个机会。经历一次求职就业失败，就应该认真而冷静地分析原因，及时修正择业方向，避免再犯同样的错误。假如有几个求职机会同时可供选择，那么就要选择最能满足自己主要期望的就业机会。

总之，求职者对得来的一切信息都要进行对照衡量，看看是否适合自己。千万不要好高骛远，挑选不适合自己发展的工作岗位。而且在获取用人单位的信息以后，也不能一味盲从。事实上，即使是准确的信息，也存在时效性的问题，绝不能未经筛选就轻率地做出抉择，影响甚至耽误自己的求职。

二、就业信息的整理

由于就业信息时效快、数量大、范围广，所以在对其进行处理时必须做到以下几点。

（一）正确选择

择业的成败在很大程度上取决于对就业信息如何进行选择。选择是一门政治性、思想性、科学性、综合性的学问，其中也包括方法论科学。要选择得好，首先，必须能在较短的时间内查阅大量的信息，以便从中迅速发现最有用、最重要的信息；其次，要进行鉴别、判断，识别信息的准确性、有效性和可行性。信息在传递的过程中由于来源和人为等因素，会造成有些信息的失真或污染，这是在所难免的。这就要求我们必须通过查询、核实来加以修正、充实，这是信息的实效性；同时要依据各自的实际情况和有关方针政策找到最适合自己的信息，这是信息的可行性。

（二）善于开拓

许多就业信息的价值往往不是直观的，必须经过求职者深入思考，加以引证之后才能发现。信息的价值会用则有，不会用则无。如何才能利用好收集到的就业信息呢？由于经过最初的收集、筛选的信息在很大程度上具有简明扼要的特点，有限的文字不包括逆向深入了解的细节。所以当缩小了范围之后，就应该尽快针对目标单位主动地、有意识地寻找更多的相关资料。例如，可以通过亲朋好友、宣传资料、网络等多种途径了解求职单位的背景、文化、精神等，还可以针对具体的职位做进一步的实地调查。这一步骤既能帮助求职者坚定自己的选择，也会对将来的面试起到积极的作用。

（三）迅速反馈

信息有很强的时效性，及时用之是财富，过期不用则变成垃圾。当求职者收集到广泛的就业信息并加以分析处理之后，就应该尽早决断，并向用人单位及时反馈信息。一是因为招工、应聘都有一定的时限，一旦超过用人单位的招聘时间，信息则会毫无用处。二是因为条件比较好的职业人人都会被吸引，但是录用指标却是有限的，所以，犹豫不决往往会使求职者错失良机。

另外，要提醒广大毕业生，在求职过程中要保存原始材料，这是一个被许多人忽略的环节，却往往会起到不可忽视的作用。大学毕业生为了增加应聘机会，在求职时往往会将求职简历投给多家单位。因为单位数量多，且反馈时间比较长，所以就业信息容易混淆、模糊。一接到面试通知，兴高采烈地去面试，却会被类似"请谈谈您对本公司的了解""您为什么要选择我们公司？"等问题难住。如果保留好相关材料，在面试之前做好充分的准备，其结果则会大不一样。因此，大学毕业生尤其要保存好这些有用的就业信息。

三、就业信息的利用

大学毕业生收集就业信息的直接目的就是应用这些信息。就业信息在就业指导工作和求职择业活动中的应用主要表现在以下几个方面。

（一）求职信息在大学生就业指导工作中的应用

就业指导是培养大学生的职业意识、职业道德和就业能力的教育过程，也是帮助个人根据社会需求、就业要求和自身特点选择职业并适应职业的活动。从就业指导工作的具体过程和主要内容上看，就业信息的应用主要包括以下几个方面。

1. 加强对大学生职业意识的培养和职业观、职业道德教育

让大学生了解所学知识、技能与将来就业的关系，熟悉现代职业对从业人员素质的具体要求，增强大学生学习的目的性，激发他们提高自身素质的积极性和主动性。

2. 加强对毕业生的政策指导和咨询

让毕业生明确哪些是应该做的，哪些是不应该做的，明白自己拥有的权利、应该履行的义务、有哪些就业限制，避免和及时纠正择业失误。

3. 对毕业生进行择业技巧的指导

使毕业生掌握求职应聘、就业程序，掌握自我推荐的方式或应聘的要求，掌握与用人单位交谈时正确运用有声语言和体态的方法，主动避免由于方法不当带来的择业障碍。

4. 指导毕业生进行正确的自我评价

在毕业生之中积极进行个体性或集体性的评价活动，使大学毕业生正确地认识自己，客观地评价自己的职业适应范围，恰当选择职业。

5. 有针对性地开展择业心理咨询活动

使毕业生及时消除求职择业中的心理障碍，减轻心理压力，增强战胜挫折的能力，做好经受失败的心理准备，以健康的心理迎接挑战，参与竞争。

（二）就业信息在大学生求职择业活动中的应用

1. 研究分析就业信息，确定合适的择业目标

择业目标是求职者的职业期望，是求职者对某项职业的追求和向往，是兴趣、能力、价值观与社会职业需求之间不断协调的结果。制定切实可行的择业目标，除对自身条件有很清楚的认识外，还必须通过丰富多样的求职信息，明确择业范围，熟悉行业特点以及与自身条件相关的行业状况，从而确定合适的择业目标和选择区域。然后，根据社会需求信息与用人单位的岗位要求确定择业目标。当在实施过程中发现有偏差时，应及时根据信息反馈，调整择业目标，使之可行。

2. 应用就业信息，锻炼和评估自己的择业能力

择业能力是人们进行求职择业活动的本领，是在人们先天生理素质的基础之上，经过锻炼、培养而形成的。择业能力的大小与人们获得择业成功的关系很大。一般来说，择业能力强的，择业成功的可能性较大；反之，成功的可能性就小。因此，当今的大学毕业生仅有专业知识与实践技能还不够，还应抓住机会，运用用人单位的需求信息，主动与用人单位交往，通过面试、测试，锻炼自己的应变能力和求职技能，并运用面试效果，对自己的择业能力进行监测、评估，不断提高择业水平。

3. 应用各种具体的用人信息，选择就业岗位

用来指导大学生确定择业目标和择业方式的信息，大都是从整体来把握的。但在选择和确定自己的职业岗位时，必须充分重视和应用通过各种途径收集的具体用人单位的就业信息。这包括用人单位直接发出的人才需求信息；报刊上的招聘广告；就业市场上用人单位的招聘面试；亲朋好友介绍的某单位的用人要求；等等。应聘者不应放过任何一个与自己有关的用人信息，应不失时机地对各种具体的用人信息进行考证、核实，抓住适合自己的有效信息，争取成功就业。

（三）在收集、整理信息的基础上，求职者应注意对信息的利用

这里主要提醒广大毕业生注意以下三个方面。

1. 力求及时，捷足先登

即在注意到用人信息的发出时间、有效时间后，应该尽早利用，力争捷足先登。如果晚了一步，用人单位已经与别人签约，即使你比别人优秀，用人单位也爱莫能助。

2. 弥补不足，缩小差距

如果对比筛选出来的求职信息，发现自己还存在某些不足，就应该调节自己的智能结构，提高自己的工作能力；如发现自己哪方面的技能欠缺，就应尽快去参加必要的培训，主动学习和掌握欠缺的知识和技能，以弥补自己原来的不足。

3. 及时输出对他人有用的信息

当有些信息对自己不一定有用，但对他人也许十分有用时，应该将这些信息与他人进行分享。他人顺利就业不但减少了求职竞争的对手，而且在与他人交流的过程中，也许能获取对自己有用的就业信息。

总之，大学毕业生收集、利用好求职信息，在求职择业过程中能起到关键的作用。收集到的求职就业信息越多，就业的机会就越多；对求职信息处理得恰当，就能够事半功倍。本章内容对求职信息的概念、收集方法以及筛选利用做了着重阐述，有针对性地提出了使用方法及注意事项，供求职者参考。在当今这个瞬息万变的社会，任何事物都在不断创新，那么，就业信息的收集和处理的途径与方法也不可能一成不变。但是，只要求职者能充分认识和利用就业信息，在认真把握以上原则的基础上，一定可以创造性地走出一条适合自己的道路。

第三节 就业信息搜集的基本原则

毕业生在搜集就业信息时，既要做到高质高效、准确无误，又要符合自己的实际情况，因而毕业生在搜集就业信息时应遵循一定的原则，明确择业方向、有的放矢，切合自身实际，反对脱离自己专业、自身特点等，否则就会适得其反，事倍功半。

一、准确性原则

准确性要求信息所反映的情况必须真实、可信。就业信息是否准确是择业人员做出决断的关键环节，信息不准确，会给择业带来决策上的失误。

二、时效性原则

时效性是信息本身的重要特性之一，只有在规定的时间内有效。而就业信息的时效性则更强，即在就业信息发布的有效期限内，如果招聘单位完成了招聘计划，已经与应聘者达成协议，那么就业信息自然就失效了。

三、针对性原则

随着人才市场的发展，就业信息日益丰富，如果在信息搜集中不注意适用性，那么就可能在众多的就业信息中把握不住方向，从而捕捉不到真实的、有价值的信息，这就要求毕业生在搜集就业信息时，必须充分结合本校特色、本专业特点。

四、系统性原则

就业信息的搜集要求具有系统性、连续性。因为许多就业信息的获得并不是空想，很多时候得到的信息是零碎的，这就要求毕业生善于将各种相关的信息积累起来，然后经过加工、提炼，形成一种能客观、系统地反映当前就业市场、就业政策、就业动向的就业信息，从而为自己择业提供更可靠的依据。

五、计划性原则

作为信息搜集者来说，首先，必须制订信息搜集计划，明确信息搜集的目的，只有明确了目的，就业信息搜集才有方向，才能发挥信息搜集的主动性；其次，要分清所需就业信息的内容范畴，是有关就业政策的、就业动向的，还是有关用人单位需求的，要做到有的放矢；最后，要选择信息搜集的方法和渠道。方法是达到目的的手段，只有方法正确，才可以在信息搜集过程中少走弯路，起到事半功倍的效果。在方法选择上，要注意与就业信息内容相一致，有些信息必须通过谨慎的实地调查方可获得，有些信息需要通过查阅资料、文献获得。

第四节　大学生就业求职的主要途径

一、学校推荐就业

学校推荐是毕业生就业的主要途径，教育部规定每年用人单位可以到高校招聘应届毕业生，学校推荐一般包括学校举办校园大型招聘会和企业专场招聘会等形式。学校推荐的用人单位一般来讲是可靠的，在企业来学校招聘前，学校会通过各种途径对用人单位进行查证，有时学校还会派人到用人单位进行实地考察和洽谈，以确保学校推荐给大学生的用人单位福利待遇是真实有效的。

1. 企业专场招聘会

企业专场招聘会是指一个企业面向某一高校毕业生在该学校单独举行的专场招聘活动。一般企业会提前一个星期左右与学校的就业指导部门或相关部门联系，双方商定来学校招聘的时间、专业、数量、男女生比例、学生到企业实习期间及签约后的具体待遇，以及企业是否提供食宿条件等。如果是熟悉的企业，学校对企业的情况已经有所了解，则不用考察；如果是新企业，学校将通过实地考察、上网查询等手段对企业进行考察。招聘程序一般如下。

（1）学校就业指导部门或学院（系）向学生发布企业招聘公告（一般通过通知、橱窗、学校就业指导网或者微信、短信等方式），将企业的基本情况、招聘时间、专业、人数、待遇等告知应届毕业生供其参考；同时公布企业专场招聘会的具体时间、地点。

（2）企业依照约定的时间到学校，学校将有意向的毕业生集中到指定场所，由企业招聘人员向学生进行宣讲，介绍企业的基本情况、企业文化、本次面向学校的招聘人数、专业、具体要求，宣讲结束后若学生有问题，可以当场向企业招聘人员提出，企业招聘人员现场予以解答。然后有意向到企业去的学生留下，其余学生离开，企业对留下的学生进行笔试，有的企业还会进行心理测试，笔试后可能有部分学生被淘汰，对笔试通过的学生企业将进行面试，接收学生的求职简历。

（3）有的企业在离开学校前会确定录用学生的名单，有的企业会将结果带回公司向相关领导汇报后再通知学校录用学生名单。学校接到企业通知后会通过特定方式公布录用学生名单。未被录用的学生可参加其他单位的招聘活动，已被录用的学生没有特殊原因原则上不得再参加其他单位的招聘活动。

2. 校园大型招聘会

校园大型招聘会是学校同时邀请多家企业在校园举行的大型集中招聘活动。大型招聘会一般参加的企业多，毕业生可选择的余地大；但是也正因为企业多而使毕业生举棋不定、难以取舍，有时还会出现一个学生被几个用人单位同时录用的情况；大型招聘会由于参加的企业和学生较多，企业与毕业生个人之间的双向交流往往不够充分；组织的难度相对较大。招聘程序与专场招聘基本相同。

（1）学校联系好参加招聘会的企业，确定时间，向全校学生公布参加企业的基本情况，每个企业拟录用人员的数量、专业；每个企业参加招聘会的展位号；招聘会召开时间、地点，企业会提前到学校指定的展位布展。

（2）招聘会开始一般会有一个简短的仪式，有的学校还会进行校企合作签约仪式，仪式结束后，企业招聘人员到指定展位接收学生提交的求职简历并进行互动交流和双向选择活动；大型招聘会由于受时间和场地的限制，一般不进行笔试和心理测试。

（3）有的企业会当场确定录用学生的名单，这时企业和学生双方到学校就业指导中心或招生就业处办理备案手续（有的直接签订协议书），已办好录用手续的学生不能再与其他企业签约（每个毕业生的协议书只有一份）；有的企业会将结果带回公司向相关领导汇报后再通知拟录用学生名单。学校接到企业通知后会立即公布录用学生名单。

二、参加社会招聘会

社会招聘会是由政府组织或人事、劳动部门的人才市场组织用人单位和求职者双方在同一时空直接进行交流洽谈的一种集市式招聘形式。招聘会上供需双方直接见面洽谈，双向交流，反馈及时，省略了许多不必要的中间细小环节，增加了洽谈的成功率，节省了宝贵的时间，提高了应聘的效率。另外，招聘会上就业信息集中、便于收集，应聘者在招聘会上可以同时和多家招聘单位见面洽谈，选择余地较大。社会招聘会与学校推荐的过程相似，只是用人单位的组织方式不同。被录用学生可参加其他单位的招聘。

三、网上求职

网上求职、网上招聘的就业方式目前已经成为一种潮流。对大学毕业生来说，网上求职既省钱又省事，越来越成为就业的主流方式。

1. 查询、检索就业信息

就业网站很多，不必一一拜访，上网浏览应选择信息完整、丰富、全面、针对性强、可信度高的就业网站。大型企业一般会有一个自己独立的网站，并且随时更新招聘信息，要经常关注这些网站，随时把握动向，以便谋求到合适的职位。

2. 登记电子简历

网上求职需要把个人简历放在就业网站上，让用人单位来找你。在登录就业网站时，应该选择访问量大、更新快、可注册会员、登记后有专用简历编号、密码可以修改、具有自动向招聘单位发送简历功能的网站。最好把个人简历注册到网站人才库里，成为网站会员，其主要目的是能使招聘企业查询检索到你的简历和享受到其他的求职帮助服务，如职位推荐、求职咨询、简历设计等。填写简历时尽可能详细、真实，尽量把自己的学历、经历、成就、能力、求职意向等填写得更全面、具体，把你最好的、最有优势的方面展示出来。

3. 用 E-mail 求职

当对用人单位比较了解并有求职意向后，用 E-mail 发送求职申请是个很好的方法。这种方法方便，联系快捷，也能防止被骗。

4. 建立个人主页

为了让用人单位全面了解你的情况，最好的方法是建立个人主页，在个人主页中把自己的有关情况都罗列出来，一目了然。在充分了解当今大型企业和公司的主要人才要求的情况下，全面展现自己的才能和独特之处。主页要设计得新颖，让人觉得求职者既有内涵又不失风度。

四、利用亲友等社会关系求职

利用自己的亲友、同学、同乡等社会关系搜集就业信息和进行求职也是大学生就业的一个重要途径。许多用人单位尤其是民营企业也愿意录用经熟人介绍或者推荐的求职者。大学毕业生在求职的过程中，如果关键时刻有关键人物帮自己引荐，无疑效果会更好：一是亲友一般不会骗自己，他们介绍的单位一般是经过认真筛选的，比较可靠；二是亲友介绍的单位福利待遇一般不会太差；因为有亲友的这一层关系，到单位后有人关照，工作上会少走弯路，成长过程也会更顺利。有真才实学也要有伯乐赏识，因此，利用亲友关系求职也是一个不错的选择。

五、自荐求职

在没有其他关系介绍和推荐的情况下，大学毕业生可以带着自己的简历直接到一些自己选定的公司登门拜访，勇敢地把自己介绍给对方，赢得用人单位的赏识和青睐。职业指导专家认为，求职中的主动表现在两个方面：一是主动为自己寻找机会，主动登门拜访来推销自己；二是在面试后主动做一些适当的工作。有很多实例说明，大学生的主动精神往往会打动用人单位的招聘者，并会让自己最终被录用。直接登门之前需要事先做好充分的准备，可通过公司网站或其他途径对该公司的特点进行了解，做到有的放矢；此外，在拜访时要表现出自己对该用人单位有极高的热情、兴趣以及相当的了解，给招聘负责人留下深刻的印象。

当然，主动求职要因人、因公司而异，因为主动并非对任何公司都有用，是否主动登门求职，还要根据自身的实际情况来决定，可根据不同工作性质、职位高低和公司文化等多种因素来选择是否主动登门求职。

六、通过中介机构求职

人才交流市场化之后，人才中介机构一直扮演着"媒介"的重要角色，许多应届大学毕业生通过人才中介机构来寻找工作。大学毕业生可以到就业中介机构专设的委托招聘部门去办理就业代理登记，投放简历，委托推荐。在选择代理求职的中介机构时，毕业生要警惕那些操作不规范的"伪中介"和"黑中介"。此外，还要注意了解该中介机构的一些具体情况。

求职网站的特点

高职生通过专业求职网站获取就业信息时，常用的、规模比较大的网站主要有前程无忧、智联招聘、58同城、应届生求职网等。上述网站的特点如下。

1. 前程无忧（51job）

（1）行业覆盖面广，简历量巨大。

（2）满足绝大多数行业中基层岗位的需求。

（3）搜索引擎好，简历匹配度高，质量高。

（4）每天可刷新一次免费职位。

（5）针对高层和精英（企业和猎头）的招聘需求，设有无忧精英板块。

2. 智联招聘

（1）行业覆盖面广，整体简历量大。

（2）基层招聘效果较好。

（3）面对求职者、猎头、企业的高层和精英招聘需求，设有智联卓聘。

（4）严格审查企业资质。

3. 58同城（赶集网）

（1）基层人才众多，对招聘效果有一定保障。

（2）免费使用。

（3）广告多，知名度高。

（4）对企业资质审核不严谨，存在鱼龙混杂的现象。

4. 应届生求职网

（1）知名度高，流量大。

（2）辐射区域广，各大城市都有招聘职位。

（3）有各大公司校园宣讲会和网申信息，方便在线查阅和网上申请职位。

（4）全职、兼职工作都有，可满足求职者的不同需求。

（5）网页字体小、分类多，重点不突出，设计不太美观。

（6）信息集中在各省市主要城市，小城市几乎没有。

第五节　就业心理准备

大学生从学生身份过渡到社会生活中的职业人身份，是其人生中的一次重要转折过程，它不仅表现为一个人的身份转变，其内心世界也会随之发生种种反应和变化。作为一名即将毕业的大学生，需要了解影响就业的心理因素，自觉加强就业心理准备，努力提高自己的就业心理调适能力，塑造积极的就业心态，为顺利就业做好准备。

一、影响大学生就业心理的因素分析

毕业生的就业心理是指大学生在毕业前后因就业问题而引发的心理活动，它的产生与发展变化受到主观、客观两方面因素的影响。

（一）主观因素

1. 生理状况和心理发展水平

毕业生的年龄大多在22岁左右，虽然生理发育已经成熟，但心理还不够成熟。就生理方面来说，由于用人单位在招聘员工时，对于求职者的性别、身高、健康状况等有所要求，同时职业本身的性质对从业者的生理状况也有限制，如招警考试要求应试者的视力在1.0以上，色盲者不宜从事需要进行色彩辨别的职业等。因此，生理因素对就业有一定影响，从而影响求职者的心理。

就心理发展水平来说，主要表现在个体的心理过程中，包括一个人的认知、情绪情感和意志三个方面，如感知能力、记忆力、分析能力、逻辑思维能力、注意力、情绪调节能力、意志品质等。由于心理发展水平会直接影响个体的工作能力、工作效果，所以很受用人单位重视。一些用人单位特别是外资企业在招聘员工时往往让求职者做一些心理测试题，以便选拔出适应岗位要求的从业者，这也体现出心理发展水平对就业的影响。

2. 个性特点

个性是指一个人在其生活、实践活动中经常表现出来的、比较稳定的、带有一定方向性的个体心理特征的总和，指一个人区别于其他人的独特的精神面貌和心理特征。

个性贯穿着人的一生，影响着人的一生。正是人的个性中所包含的需要、动机和理想、信念、世界观、兴趣指引着人生的方向、目标和道路，也就是说人的个性特征中所包含的气质、性格、能力影响和决定着人的事业和命运。

不同的个性特点，决定了毕业生在择业时有不同的心理和行为表现，决定了择业的不同取向。例如，有的毕业生希望得到一份稳定的工作，有的毕业生甘愿承担一定的风险而选择自主创业；有的学生希望到经济发达的地区，有的学生甘愿到艰苦的地方；有的学生

择业时消极自卑，有的学生充满自信。

3. 知识结构

知识结构是指知识体系在求职者头脑中的内在联系。结构决定着能力，不同的知识结构预示着能否胜任不同性质的工作。随着科学技术的发展，职业发展呈现出智能化、综合化等特点，根据职业发展的特点，从业者的知识结构应该更加宽泛、合理。大学生在校学习期间，不仅要掌握本专业的知识技能，而且要对相近或相关的知识技能进行学习。只有掌握扎实的基础知识和必要的技能，才能适应因社会快速发展而对人才要求的不断变化。

可以说，知识容量、动手能力、知识结构和学习能力是毕业生顺利就业的关键，也是毕业生在求职市场建立自信的基础。所以，大学生的知识结构是影响毕业生就业的重要因素。

（二）客观因素

1. 社会环境因素

人是社会性动物，生活于社会中的个体难免会受到社会环境的影响。影响就业心理的社会环境因素包括社会风气、社会经济发展对人才的需求状况、就业形势、就业政策等。随着我国就业制度的发展与改革，市场竞争已成为现在毕业生择业的主要手段，也给了毕业生择业更大的自主权和更广阔的空间，形成有利于毕业生公平、公正、自主就业的局面。但近几年高校毕业生人数激增、经济新常态发展对不同专业人才的需求差异、区域性经济发展不平衡、社会上仍存在任人唯亲和不正之风等，都在不同程度上影响着毕业生的就业，从而影响毕业生的就业心理。从心理学角度讲，适应是健康的重要标志之一，面对社会环境对就业的影响，大学生应客观地看待，积极地应对，保持健康心态。现实就摆在眼前，恐惧、退缩、抱怨等都不能解决就业问题。因此，毕业生应深入地了解社会、分析社会，及时调整自己的就业心理，以达到适应社会、顺利就业的目的。

2. 学校教育

随着人们对教育认识的深化，现在各高校不仅重视专业教育，而且重视对学生进行全面的素质教育。学校作为社会的一个缩影，担负着对学生进行社会化教育与培训的工作。在这个时期，学生应在学校提供的社会化教育环境中不断积累生活阅历，在自己的学习、生活实践中去了解、认识社会，掌握社会生活的本领，从而让自己的心理不断成熟。在这一过程中，一所学校的校风、人文环境、教学模式等对大学生有着深刻的影响，进而潜移默化地影响毕业生的就业心理。

3. 家庭影响

家庭是社会的基本细胞，父母是子女的启蒙教师。家庭的教育方法、经济状况、家长的价值观念都在影响着学生的心理发展。毕业生在就业时，其就业心理很容易受到家庭因素的影响。例如，在民主型家庭成长起来的学生，在就业时更自信、乐观，敢于面对挑战；在溺爱型家庭成长起来的学生，在严峻的就业形势面前往往悲观、无助、自卑感强，寄希望于家长的帮助。当然，父母在子女就业时所表现出来的态度，对毕业生的择业心态也有重要影响。例如，有的父母希望子女留在身边，有的父母不愿子女到民营或个体企业就业。家庭教育影响着大学生个性品质的形成，父母的态度使毕业生在择业时有所顾虑，这些都影响到毕业生的就业心理。

二、大学生就业过程中常见的心理问题

"双向选择、自主择业"是国家把大学毕业生作为一种人力资源，通过市场调控，使用人单位能够录用到满意的人才，毕业生也能找到适合自己的工作单位，实施优化配置的一项就业政策。在这种双向选择中，毕业生要想找到自己理想的工作单位，必须与其他毕业生展开激烈的竞争，加上主客观各种因素的影响，毕业生承受着前所未有的就业压力，导致毕业生在求职过程中出现种种心理问题。

（一）焦虑与恐惧心理

焦虑是一种紧张不安并带有恐惧体验的情绪状态，多半是由于不能实现目标或是不能避免某些威胁而引起的。一般学生表现的焦虑程度较轻，主要有不安、忧虑及某些心理反应。

就业是大学生走向社会的第一步，是他们人生中的一次重大转折。在职业选择过程中，国家需要、个人意向、有限的就业岗位、多样的工作环境等多种因素令每一位涉世不深、社会经验缺乏的大学生深感困惑。尤其是当竞争机制全面引入、优胜劣汰成为普遍法则时，大学生更加觉得自己身心承受着巨大的压力。一方面，理想的职业无法轻易获得，需要自己合理定位，不懈努力；另一方面，用人单位在选择人才时也不是一锤定音，而是要多方面了解与考察。在等待就业的过程中，一些学生就产生了焦虑心理。成绩优秀的学生担心找不到理想的工作，体现不出自己的价值；成绩较差的学生担心没有单位接收自己；女学生担心自己受到性别歧视；年龄大的学生担心自己没有竞争优势；冷门专业的学生更是担心自己学了三年根本找不到用武之地；等等。在面对理想与现实、就业与失业、签约与违约、就业与升学等矛盾以及各种选择和诱惑时，大学生常会感到难以取舍、无所适从、焦虑烦躁。轻度的焦虑是正常的，适度的焦虑还可以使人产生压力感，催人奋进，但过度的焦虑就会影响人的正常生活。就业焦虑发展到严重阶段，就可能产生"就业恐惧"。有的学生平时的知识与经验积累不足，求职的知识、能力和心理准备不充分，在求职屡屡受挫后，便产生了恐惧感，一提到就业就心理紧张，怀疑自己，否定自己，逃避现实，个别人甚至产生绝望的心理，出现极端行为。

（二）自卑与自负心理

1. 自卑心理

自卑是轻视自己或低估自己能力的一种心理倾向。在求职问题上，主要表现为缺乏自

信心，缺乏勇气，不敢竞争。这些学生可分为四类：第一类是性格内向的学生，他们不善交际，结果在面试过程中，面对用人单位的面试交谈，紧张得面红耳赤，语无伦次，准备好的说辞也忘得一干二净，不能充分地展示自己的才华，也就不能很好地推销自己。第二类是择业受挫的学生，他们在就业中经过几轮拼杀后败下阵来，从此一蹶不振，开始怀疑自己的能力，有的甚至产生了轻生的念头。第三类是女生，部分女生在面对就业中的性别歧视时感到束手无策，常常自卑气馁。第四类是在校期间受过处分的学生，他们明显感觉低人一等，不能坦然面对择业。有自卑心理的大学生面对激烈的竞争，胆小、畏缩、悲观失望，不能很好地表现自己，往往错失良机。

2. 自负心理

与自卑心理相反，自负心理是缺乏客观的自我分析和自我评价的表现。有的大学生有一种精英意识和特殊身份意识，无意中会流露出优越感，在职业选择时往往体现出对职业的过高期望，追求完美。在求职中，追求最优工作，把工作地域、工作环境、工资待遇等作为自己的择业标准，从中满足自我实现的需要。不切实际地自我欣赏，使他们在求职中期望值偏高，好高骛远，择业脱离实际。择业时不能从实际出发，而是这山望着那山高，总认为自己什么工作都能胜任。"是我去择业，而非职业择我"的错误观念根深蒂固，因此自负武断。一旦未能如愿，情绪便一落千丈，最终易出现孤独、失落、抑郁等心理问题。由于高等教育已经从"精英教育"转变为"大众教育"，大学生不再是有优越感的特殊群体，而应该是千百万就业劳动大军中的普通一员。有了合理的角色定位，大学生才能正视自己的身份，摒弃过分追求完美的心态，找到适合自己的位置。

（三）从众与攀比心理

1. 从众心理

从众心理是指一个人的观念或行为，由于群体压力的影响，在认知、判断、信念与行为等方面与群体多数人保持一致的现象。"宁要都市一张床，不要西部一套房"，就是这种心理的现实写照。从众心理在求职择业中常常会遇到，部分大学生缺乏社会实践锻炼，独立性不强，容易接受暗示，往往在困难和矛盾面前不知所措，不能果断地做出选择和决定，在压力下觉得还是"随大流"更有把握。所以，在招聘会上出现了有的企业展位前人山人海，有的企业门可罗雀的现象。在求职现场寻找热门职业，参与面试的人数越多，他们对那些职业的渴求越大，因而放弃目标、计划和兴趣爱好，甚至放弃了自己在就业竞争中的优势方面，盲目追求热门单位、热门职业，不从职业发展与个人前途的需要去考虑。实际上，这种人云亦云的做法在一定程度上给大学生求职增加了难度，也影响了大学生个人的发展。一味地追求大城市、热门单位、热门职业，一味地追求高薪、舒适、名气，就造成了"有的工作没人做，有的人没有工作"的结构性失业状况。求职择业是一件严肃慎重的事情，一定要认真考虑，谨慎从事，绝不能跟着感觉走，盲目从众。

2. 攀比心理

攀比心理是指大学生在求职过程中，不从自身实际出发，不考虑所选单位是否适合自己，而是盲目攀比，攀比工作的地点与环境，攀比收入和待遇，攀比职位和行业……。北京某学校社会工作专业的王某，因为专业不吃香，认为以考公务员的方式留在北京是最好的办法。从2016年开始，他数次参加中央和国务院直属机关的公务员考试，但最后总是被淘汰。他母亲给他打电话说："人家都能找到工作，你怎么就不行？"此后他不停地在网上和招聘会上投简历，一心想留在北京。现在的就业期望已降到有没有北京户口也无所谓，只要能给2 000元/月以上的工资就接受。他曾经想去山西，但他的母亲不同意。他说："村里人肯定会议论，谁谁家的孩子在北京念书，结果找工作反倒去了外地。"正是这种攀比心理导致很多大学生迟迟没有签约就业。在这种心理的支配下，有的学生会因为工作的某一方面不如其他同学的好，就放弃很适合自己发展的工作，从而错失很多好的就业机会。

（四）依赖与懈怠心理

如今，大学生中独生子女较多，他们在生活和学习中的事情，大多是由家长、老师做主，缺乏独立自主意识，主动性、计划性较差，缺乏对困难的解决能力。在就业过程中，一些大学生信心和勇气不足，在机会面前顾虑重重，不能主动地参与就业市场的竞争，不能向用人单位展示自我、推销自我，不能真正依靠自身的努力去赢得竞争和用人单位的青睐，而是期望依靠外部条件或力量促成顺利就业，从而使自己在就业中处于劣势。

有的学生凭借父母的社会关系找工作；有的学生寄希望于就业形势的好转，祈祷能得到某个单位的垂青。一些独立能力较弱的女生受传统文化、家庭环境的影响，也存在较严重的依赖心理，如果家人不能帮助其谋取一份好工作，就寄希望于找个条件好的男友甚至嫁个有能力的丈夫，自己有没有工作、工作是否理想，都觉得无所谓。受这种依赖心理的影响，有的大学生渐渐失去进取心和魄力，最终在激烈的人才竞争中被淘汰出局。

另外，近年来大学校园中出现了"漂一族"和"慢就业"等现象。所谓"漂一族"，是指一些没有落实工作的毕业生，闲来无事，在大学校园四处游荡。他们中有些是因为对工作岗位挑挑拣拣，"高不成，低不就"，自动放弃就业机会；有些是在校园附近租房，一边打工，一边找工作；有些干脆待在家里靠父母伺候。"毕业不就业，未来还是梦"，这是"漂一族"毕业生心理的真实写照。究其根源，主要是由于他们从心理上消极懈怠，不重视自己的就业问题，不关心就业动向和招聘信息，不主动接受就业指导和教育，不积极与同学、朋友沟通就业的经验和教训，认为车到山前必有路，甚至部分学生认为能否顺利找到工作、找什么样的工作都是上天注定的，把一切涉及就业的问题和困难都归结为自然因素，表现出对就业的漠不关心或随波逐流。

（五）挫折与嫉妒心理

1. 挫折心理

挫折心理是指在从事有目的的活动时遇到障碍所表现出来的情绪反应。当一个人产生心理挫折后，就可能陷入苦闷、焦虑、失望、悔恨、愤怒等多种复杂的情绪体验中，甚至产生悲观情绪。大学生由于一直囿于校园，生活经历比较简单，没有经受过挫折的考验，所以心理承受能力和自我调节能力较差，情绪波动性大，情感较为脆弱，缺乏对待挫折的准备。

为了寻找一份满意的工作，很多大学生印制大量自荐材料，去参加校内外的各类招聘会，一看到合适的岗位就将简历递上，但往往石沉大海。这样屡屡失败，就产生了挫折心理。他们忧心忡忡、悲观失望，对自己、对未来失去信心，不思进取、消极等待，沉浸在失败的阴影里无法自拔。通常是就业期望值越高，挫折感越强。如果大学生在挫折中不认真反思自我，寻找问题的根源，而是失去理智，盲目地一意孤行，就可能形成人格障碍，由此引起内心世界的严重扭曲，对塑造健康人格构成严重威胁。

2. 嫉妒心理

嫉妒心理的主要特征是把别人的优越之处视为对自己的威胁，因而感到心理不平衡，甚至是恐惧和愤怒，于是借助贬低、诽谤以至报复的手段来求得心理的补偿或摆脱恐惧和愤怒的困扰。

在求职过程中受环境、机遇以及其他诸多因素的影响，对同等资历的求职者来说，求职结果也会存在落差，反映到自身就会产生一定的嫉妒心理。有些学生常常会拿自己身边同学的择业就业标准来定位自己的择业就业标准，看见别人留在了大城市，找到了好工作，觉得自己的各方面条件也不错，必须找个更好的工作才行，否则很没面子；还有些学生，在择业过程中，由于种种原因，一直没有找到满意的工作，感到目标渺茫，就业无望，于是情绪一落千丈，变得愤世嫉俗，对社会、学校产生不满和埋怨情绪。有些人把自己的失败迁怒于同宿舍或同班同学，贬抑、挖苦、造谣、打击别人；更有极个别学生做出"行凶""自杀"等极端行为，造成极其严重的后果。

三、就业心理调适方法

就业本身就是认识和适应社会的一个过程，在求职过程中遇到困难，甚至经历过几次挫折才得以成功都是正常的；在就业中遇到许多心理冲突、困惑，产生一些不良情绪也是正常的。遇到就业问题时，要学会调节自己的心态，使自己能够从容、冷静地面对就业这一人生重大课题，并做出正确、理智的选择。大学生在遇到就业心理困扰时，可以试着从以下几个方面进行调节。

（一）接受客观现实，调整就业期望值

就业市场化、自主择业给大学生带来了机遇与挑战，但许多大学生对"市场"残酷的

一面认识不足，对就业市场的客观实际了解不够。经过对就业市场、就业形势的客观了解与深刻体验后，我们必须明白现实情况就是如此，无论是抱怨还是气愤都没有用，这种就业情况不可能一时半会儿就有所改变。与其成天怨天尤人，浪费了时间、影响了自己的心情，还不如勇敢地承认和接受当前所面临的现实，彻底打破以往的美好想象，脚踏实地地寻求解决问题的好办法。

（二）充分认识职业价值，树立合理的职业价值观

传统的观念认为人们工作就是为了满足生存需要，但是对于现代社会的人来说，职业对个体的意义已经远不是如此简单，职业可以满足人们从低层次到高层次的多方面需要。如最近有人对职业价值结构进行初步研究，发现了交往、毅力、挑战、环境、权力、成就、创造、求新、归属、责任、自认11个类别的因子。因此，职业价值是丰富的，我们要充分认识到职业对个体发展、社会进步所起到的重要作用。

（三）认识与接受职业自我，主动捕捉机遇

大学生就业中的许多心理困扰都与大学生不能正确认识和接受职业自我有关，因此，正确地认识自我的职业心理特点并接受自我，是调节就业心理的重要途径，并有助于找到适合自己的职业方向。要知道自己喜欢什么职业、需要什么样的职业、自己的择业标准以及依自己目前的能力能干什么工作，这样才能知道什么工作更适合自己。许多毕业生亲身参加求职活动后就会发现自己的能力与水平并不像自己想象得那么高，从而易出现失望、悲观、不满等情绪。

因此，在认识自我的特点后还要接受自我，对自我当前存在的问题不能一味抱怨，也没有必要自卑，因为自己当前的特点是客观现实，在毕业期间要有大的改变是不可能的，要承认自己的现状，学会扬长避短。另外，要用发展的观点来看待自己，要知道有些缺点并不可怕，可以先就业，然后在工作岗位上不断发展自己。

大学生就业中的机遇因素也是非常重要的，因此，在了解并接受了自己的特点以后，还要学会抓住机遇，这样才能保证以后的求职顺利。要抓住机遇，首先必须多收集相关的职业信息，多参加一些招聘会，并根据已定的择业标准进行选择。需要注意的是机遇并不是对任何人都适用。一个工作的好与不好，是相对的，对别人合适的，对自己不一定合适，因此一定不能盲从；要时时记住，只有合适自己的才是最好的。最后要注意机遇的时效性，在发现就业机会时要主动出击，不能犹豫，也不要害怕失败，应具备敢试敢闯的精神。

（四）坦然面对就业挫折，提高心理承受力

面对市场竞争、就业压力，大学生在求职时难免会遇到困难、挫折甚至是委屈，如有些专业"热门"，有些则"冷门"；又如女大学生找工作容易受到性别歧视等。面对这些问题，抱怨是没有用的，重要的是调整自己的心态，提高自己对各种突发事件的心理承受

能力。有关专家指出，一个大学生在校期间所学的知识仅占其一生中所需知识的 10% 左右，终身学习理念已被越来越多地接受。目前在发达国家，一个人一生在业期间平均会更换 4~5 次工作岗位，从业期间的再学习已非常普遍。

"从一而终""一步到位"的就业观念已不能适应社会发展的需要，更不利于个人发展。其实，就业的过程也是大学生重新认识自我、认识社会，并主动调整自我适应社会的过程。如果能通过求职而增强自我心理调节与承受能力，对大学生今后的职业生活也是非常有用的。

在求职中遇到挫折时，要用冷静和坦然的态度对待，客观地分析自己失败的原因，进行正确的归因。

首先，在就业市场化、需求形势不佳、就业竞争激烈的背景下，出现求职失败是在所难免的，不能期望自己每次求职都能成功。要对可能出现的求职挫折有充分的心理准备。同时，应把就业看作一个很好的认识社会、认识职业生活、适应社会的机会，应通过求职活动来发展自己，促进自我成熟，因此"不能以成败论英雄"。

其次，求职失败并不一定就是因为自己的能力不行。出现求职失败有许多原因，可能是因为求职的方向不对，也可能是因为价值观与求职单位的企业文化不符，还可能是因为其他一些偶然因素。

总之，要正确分析自己失败的原因，调整自己的求职策略，学会宽慰自己，以便在下次的求职中获得成功。

（五）调整就业心态，促进人格完善

在求职时，自己或身边的同学出现一些不健康的心态是正常的，没有必要过度担心、害怕自己也有心理障碍。当然对于这些不良心态也要学会主动调适，必要时还可以寻求有关心理专家的帮助。进行自我心理调适的方法有很多。

第一，可以进行积极的自我心理暗示，鼓励自己、相信自己，帮助自己渡过难关。

第二，可以向朋友、老师倾诉，寻求他们的安慰与支持。

第三，还可以通过体育锻炼、听音乐、郊游等方式转移自己的注意力，排解心中的烦闷，放松心情。

通过对自己在就业时出现的种种不良心态的分析，可以发现自己平时不容易察觉的一些人格缺陷。应该说这些人格缺陷是产生就业心理问题的根本原因，如果现在没有很好地完善自己的人格，那么这些问题还会在今后的工作、生活中继续带来困扰。因此，问题暴露得越早越好，同时，也不必为自己所存在的人格缺陷而懊恼，因为很少有人是绝对人格健全的，关键是要在发现自己问题的基础上，积极改变自己、发展自己，使自己的人格更加成熟，使自己将来的人生道路更加顺利。

（六）开拓进取，勇于创业

大学生是青年中的佼佼者，思维活跃，创新意识强，在政府多项优惠政策的激励下，

完全可以走自我创业的道路。"大众创业、万众创新"目前已成为社会发展的主流，因此，大学生要有自主创业的打算，这既可以在毕业后马上实现，也可以在有一定的社会积累后再实行。据不完全统计，大学生创业在美国高达25%，在日本为10%，我国大学生自主创业也呈现出快速上升的势头。作为新时代的大学生，应有敢闯敢干的精神，树立自主创业意识。大学生们一定要有开拓自己事业的信心与勇气。当前有的大学生创业公司遇到了一些困难，但也不乏相当成功的案例。大学生创业是值得鼓励的，关键是要有准确的观念与思路，要对自己有一个合理的规划与定位，要与有市场经验的人合作，要摆脱学生思维，要进行科学化、职业化的管理。

案例分析与讨论

【案例一】

小邱想应聘某公司的网站设计工作，毕业前就开始关注该公司的招聘信息。该公司发出招聘信息后，小李仔细了解了该公司和该职位的要求后，发现该公司正对原网站进行升级改版。他利用自己所掌握的专业知识，提出了网站改版的思路，并精心设计了网页，招聘人员看到小李的简历时，很快判断小李具备所应聘岗位要求的能力、水平和职业意识，马上拿起电话通知他来面试。

【案例思考与讨论】

阅读本案例之后，请谈谈你的体会和学习收获。

【案例二】

即将毕业的小华是广西某知名高职院校机电专业的学生，他在校期间学习成绩优秀，连续3年获得奖学金，实习成绩也很好。他不仅是学生干部，还参加了多个社团，人际交往能力和组织能力都不错。

进入大三后，很多同学开始谈论就业话题。小华对此有些不屑，他对自己的实力和前程都很有信心。他的目标是进入一家大型国企。

春节前，部分用人单位开始进行校园招聘，其他同学都忙着制作简历，积极面试，小华却悠闲地在宿舍玩游戏。他认为不是大型的国企都没必要去面试，认为自己非常优秀，即使有一次面试没能成功，也丝毫不在意，认为自己一定会找到好工作。转眼到了4月，小华还没有找到工作才开始着急，这时大部分公司的面试都已经结束，他才开始到处投简历，越临近毕业，他就越焦虑。最后，他终于收到一家公司的邀请，他并不满意这份工作，但还是与该公司签订了劳动合同。

【案例思考与讨论】

如果你是小华，你会像他一样做吗？

课堂探索活动

活动：收集用人单位招聘信息

（1）利用手机，通过互联网收集与本专业相关的用人单位招聘信息。

（2）将收集到的信息进行对比，筛选出你感兴趣的一条招聘信息，将该条信息上传到学习通。

（3）与同学分享你收集到的企业招聘信息，并说说你感兴趣的原因。

课后任务

（1）就业信息收集的途径有哪些？

（2）大学生常见的就业心理问题有哪些？如何调适？

（3）观看视频《"90后"女硕士不忘初心，回乡带领村民脱贫致富》，并参与讨论"根据就业形势的发展，你该如何调整自己的就业岗位选择？"阐述自己的观点，不少于50字。（在学习通中完成任务）

第三章 就业材料准备

教学目标

知识目标：了解常见就业材料的内容和形式；掌握求职信的基本写作思路；掌握简历的内容结构和写作技巧。

能力目标：能针对应聘岗位撰写求职信；能制作体现岗位胜任力的个人简历。

素质目标：学会系统梳理个人优势，提升求职信心。通过制作就业材料，培养精益求精、诚信的品质。

知识内容框架图

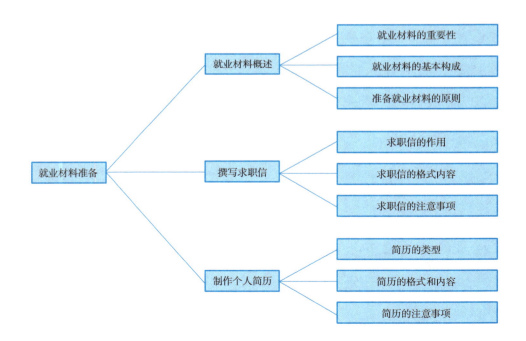

学习任务流程图

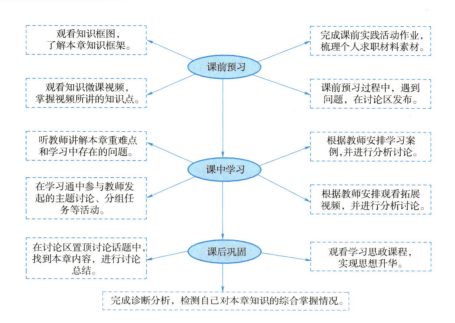

课前小组实践活动作业

活动名称：挖掘我的"闪光点"。

活动目的：根据自己预设的目标职位，梳理个人简历素材，熟悉简历的基本内容。

活动说明：按表格要求完成素材收集。

挖掘我的"闪光点"

1. 跟自己专业相关的证书（包括学历证书、技能证书，完成表3-1）

表3-1 取得的证书

序号	证书名称	取得时间	颁发机构
1			
2			
3			

2. 参加的培训、实习和兼职经历、学校任职情况等（完成表3-2）

表3-2 过往经历

序号	机构名称	时间	详细描述
1			
2			
3			

3. 最喜欢的课程、成绩优秀的课程及原因（完成表3-3）

表3-3 课程回顾

序号	喜欢的课程及成绩	喜欢的原因
1		
2		

序号	成绩优秀的课程及成绩	优秀的原因
1		
2		

4. 获得的荣誉及奖励（完成表3-4）

表3-4 获得的荣誉及奖励

序号	荣誉及奖励	颁发机构	时间	含金量
1				
2				

5. 硬技能：专业技术能力，通常指特定行业/职业的工作内容/技能要求（完成表3-5）

表3-5 硬技能汇总

序号	硬技能描述	经历描述及事例支撑
1	熟练的英语听说读写能力	
2	精通办公软件	
3	熟练运用C语言编程	
4	…	

6. 软技能：非专业技术能力，通常指解决实际问题的能力（完成表3-6）

表3-6 软技能汇总

序号	软技能描述	经历描述及事例支撑
1	良好的团队合作能力	
2	较强的学习能力	
3	非常认真负责	
4	…	

第一节　就业材料概述

在各项就业准备中，就业材料的准备是最不可或缺的。就业材料是毕业生在求职过程中，为了择业成功而准备和使用的能反映个人总体情况和综合素质的书面材料，它是毕业生与用人单位交流信息的载体，是用人单位了解大学毕业生以及做出人才选聘决策的重要依据。就业材料的准备也反映出一个人做事的认真、细致程度，这是今后从事任何工作所必须具备的基本素质，因此，大学生一定要高度重视就业材料的准备。

一、就业材料的重要性

大学生就业材料的准备具有非常重要的作用，主要体现在以下几个方面。

（一）有利于大学毕业生获得面试机会

大学毕业生准备就业材料，目的是引起用人单位对自己的兴趣，让用人单位通过就业材料了解自己的基本情况、特长和能力，从而为自己争取到面试机会，最终被录用。

（二）有利于用人单位做出招聘决策

大学毕业生的就业材料是用人单位认识、考察求职者并做出取舍的重要参考，它能够全面反映求职者的专业知识、能力特长以及学习与实践成果等基本情况。

（三）有利于大学毕业生做出择业取向

大学毕业生在准备自己的就业材料的过程中，会逐渐了解自己的实际情况，明确自己的专长和爱好，进而能够对自身的情况做出全面的分析与评价，并把职业的要求和自己的个性特征、实际才能结合起来，理性思考，最终做出明智的择业取向。

二、就业材料的基本构成

对于应届大学毕业生来说，就业求职材料通常包括求职信（自荐信）、个人简历、就业推荐表、成绩单、在校期间获得的各种证书和其他辅助材料、参加社会实践和实习的鉴定材料等。毕业生的求职材料应从多侧面、多角度准确全面地反映自己的专业水平、组织能力、领导能力和综合素质等。

（一）求职信

求职信，也称自荐信，是毕业生在收集需要的信息后有目的地向用人单位做的自我介绍。它是针对特定单位（岗位）的特定人写的，主要表述求职者的主观愿望和特长，以求吸引招聘者的注意力，取得面试机会。

（二）个人简历

简历，顾名思义，是反映求职者个人的简要经历，是一个人生活、学习、工作的经历与成绩的概括和总结。它提供给阅读者的信息量应该是全面而直接的。用人单位从求职者的简历中，能够看出该求职者在业绩、能力、性格、经验方面的综合表现。通常情况下，用人单位都是通过简历来了解求职者的经历，如受教育程度、兴趣、特长等，形成一个初步的印象，从而决定求职者能否参加下一轮面试。

（三）就业推荐表

就业推荐表是学校就业指导中心发给每位毕业生填写的并附有学校意见（鉴定、评价等）的书面推荐表格。该表一般由三部分组成：一是毕业生本人的情况介绍；二是毕业生所在院系的推荐意见；三是毕业生所在学校就业主管部门的推荐意见。一般来讲，这个表格是学校正式向用人单位推荐毕业生的书面材料，因此具有较大的权威性和可靠性。用人单位往往对该表比较重视，把该表作为其他书面材料的证明和接收毕业生的主要依据，因此，要求毕业生认真填写，妥善保管。

（四）成绩单

成绩单是大学毕业生学习成绩的证明，通常为表格形式，应由学校教务部门出具并盖章。

（五）证书和其他辅助材料

证书是毕业生求职、任职、开业等的资格证，是企业招聘、录用人才的主要依据。它能帮助毕业生获得更多的就业机会。证书包括各种技能证书、职业证书、外语等级证书、计算机等级证书、普通话等级证书、各类奖学金及其他获奖证书。其他辅助材料包括已发表的文章、论文和取得的专利成果、院系教师的推荐信等。

（六）参加社会实践和实习的鉴定材料

这能让毕业生体验社会生活，为毕业后进入社会做好充分的准备，积累相关经验，提高自身的实力。鉴定材料是社会实践单位和实习单位给予的评价，对日后就业有一定的帮助。

三、准备就业材料的原则

根据用人单位的要求，大学毕业生在准备就业材料时应遵循以下几方面的原则。

（一）全面翔实，真实可信

一份好的就业材料应该把该求职者的基本情况以及闪光点都展示给用人单位，避免遗漏。求职材料可以说是对自己大学生活的一个全面总结，既要全面反映自身的基本情况，又要反映自身优势、特长、爱好；不仅要突出自己的优点、成绩，也要说明自身存在的缺点；不仅要说明自己对用人单位招聘职位感兴趣的原因，还要表达自己努力工作的决心。

此外，就业材料的真实性是求职者的"生命线"，就业材料的编写必须以事实为基础，在内容上遵循真实性原则，切忌为赢得用人单位的好感而弄虚作假。

（二）言简意赅，突出重点

有的大学毕业生认为求职材料做得越复杂、越厚越好，其实并非如此。一般情况下，招聘单位翻阅求职材料的时间也就是一分钟左右。所以，要想让自己的求职材料在众多的竞争对手中脱颖而出，就必须做到言简意赅，用最简单的内容表达出自己最想表达的意思。厚厚的就业材料会给用人单位啰唆的感觉，往往难逃被丢进垃圾桶的命运，从而给求职者造成资源上的浪费。就业材料的准备还需要突出重点，所谓的重点包括两个方面的含义：一方面，强调自己最有优势、最与众不同的地方，展示自己的特色；另一方面，针对用人单位的招聘要求，强调自己的技能和品质与其要求相符合的地方。

（三）创意设计，杜绝错误

就业材料的设计很重要。通常来说，设计较好的、具有创造性的就业材料更能吸引用人单位的注意或产生兴趣，使其下定决心通知你来面试。但需要注意的是，要把握好创意设计的尺度，不能花里胡哨、哗众取宠，以免起到相反的效果。求职者可以借助多样化的表现手法，巧妙地运用多种手段，将就业材料设计得美观、大方、得体、个性化，博得用人单位的好感。大学毕业生准备的就业材料，要保证不要有语法上的、文字上的、用词上的、标点符号上的或者打印上的错误，也要注意不要使用涂改液或橡皮擦，不要使纸张沾上污迹，以免让用人单位觉得你是一个性格马虎、做事不严谨的人，或是能力素质较差、对用人单位缺乏诚意的人。

（四）整洁规范，明确目标

一份优秀的就业材料不管是装订还是内容的书写，必须合乎规范，这是大学毕业生准备就业材料的基本要求。准备就业材料时，不仅要格式规范，填写术语也要规范。就业材料的准备也要有针对性，要根据不同的用人单位和不同的招聘岗位来制作材料，不可能"一份简历闯天下"，只有有针对性地推销自己，才能最终赢得用人单位的赏识，从而获得就业机会。

准备就业材料的注意事项

大学毕业生在准备就业材料时，要特别注意以下几个方面。

1. 纸张选用

一般情况下，大学毕业生就业推荐表、个人简历和求职信等应打印，在打印时应选用质量好的 A4 纸张。

2. 仔细审核各类材料

大学毕业生在准备求职材料时，应该仔细审核自己的各类资料，具体有以下几类。

（1）毕业证书、技能证书、各类学历证书和结业证书。

（2）"三好学生""优秀毕业生""优秀团员""优秀学生干部"等荣誉证书。

（3）社会实践、文艺演出、征文比赛、体育运动会、社团活动等各类活动的获奖荣誉证书。

（4）在正式出版社发表过的文学作品、美术设计作品、科研论文、音像作品、摄影作品，以及各类小制作、小发明、小创作的图像资料等。

（5）计算机等级证书、英语等级证书、各类奖学金等级证书。

3. 认真检查内容

求职材料准备完后，应认真审核校读，检查是否有错字，看看个人简历的内容与求职信是否一致，行文是否简洁顺畅，是否充分反映了自己的优点和特征以及态度是否是诚恳。

4. 按顺序进行装订

大学毕业生在装订自己的求职材料时，需要考虑到用人单位可能没有太多的时间认真看自己的资料，所以在装订时就要按照资料的重要顺序来进行，最常见的装订顺序是：封面、求职信、个人简历、大学毕业生就业推荐表、在校期间学习成绩单、其他证明材料（包括各种证书复印件、各种作品或研究成果复印件等）。同时，在装订时要特别注意求职材料的封面及所有材料是否歪斜，求职材料中所有纸张大小是否一致，求职材料中所有纸张应该整洁、干净，求职材料中字体应该一致，排版时行间距应该一致等。

第二节　撰写求职信

求职信是毕业生针对招聘岗位向用人单位进行自我举荐的一种信函。求职信集自我介绍、自我推销和下一步行动建议于一身，并重点突出自身背景材料中与未来雇主最有关系的内容，以此来提高自己的成功率。好的求职信体现了求职者清晰的思路和良好的表达能力，招聘者通过求职信可以看出其沟通交际能力和性格特征，会给用人单位留下深刻而良好的印象。

一、求职信的作用

（一）投石问路，求得录用

求职信主要起到投石问路的作用，能否敲开用人单位的大门，还要看求职信的水平，看求职者在求职信中如何表现自己。要想在众多的求职者中崭露头角，就必须扬长避短，突出优势，以自己的某些特长、优势、技能等吸引用人单位。一封好的求职信可以让用人单位进一步感受求职者的"鲜活"形象；可以使用人单位进一步感知求职者的诚意；可以帮助求职者顺利得到面试机会，谋求一份理想的工作。

（二）建立联系，意在公关

求职信是求职者和用人单位之间的沟通桥梁。通过沟通，在相互认识、交流的基础上，实现相互交往，是求职信的基本功能。求职者向用人单位展示自己适合该工作岗位的知识水平、工作能力、人格魅力，从而建立起与用人单位之间的密切联系，为择业的成功打下基础。

二、求职信的格式内容

求职信是一份正式的公文，有其固定的书写格式。一般由标题、称谓、正文、结尾、署名和日期、附件六部分组成。

（一）标题

求职信的标题通常只由文种名称组成，即"求职信"或"自荐信"三个字，一般用较大字体在纸张第一行中间标注。

（二）称谓

称谓是对收信人的称呼。第一行顶格书写，单独成行，以示尊重。求职信的称呼与一般书信不同，书写时必须正规一些，如果对用人单位的性质及负责人比较明确，可直接写出负责人的职称、职位，如"尊敬的张经理""尊敬的王部长"等。如对用人单位的性质及负责人不清楚，可写成"尊敬的领导"等，最好不要直接冠以最高领导职务，这样容易引起第一读者的反感，反而难达目的。

（三）正文

正文是求职信的主要部分和核心内容，需另起一行空两格书写。要求言辞力求简洁，语气不卑不亢。正文内容较多，要分段写，一般包括以下几个部分。

1. 简单自我介绍

求职信的开头一般说明从何渠道获取求职材料，并简单地介绍自己的情况。开头的表述要简明准确，富有吸引力，从而让对方有兴趣看完求职材料，引导对方自然进入"求职"的主题而不觉突然。求职信开头常见书写形式如表3-7所示。

表3-7　求职信开头常见书写形式

形式	书写要点	举例
提名式	条件允许的话，可以提及一位建议你到用人单位求职并且为该单位所熟悉或尊崇的人	贵公司企划部的王先生告诉我，你们需要一位优秀的策划人员
应征式	首先说明你通过什么途径了解到用人单位的招聘信息，并肯定自己的条件符合用人单位的要求	本人的受教育程度和工作经验符合贵公司在网上公布的招聘条件
赞扬式	先赞扬用人单位取得的成绩，然后再表示自己愿意为其效力。但是要记住，语气千万不要过度热情，否则就会有奉承之感	贵公司在行业内的知名度非常高，而且创新能力十足，我早有所闻，心窃羡之，慕名求职
提问式	针对用人单位的需要，先提出一个设问或是假设，然后用一句话表述你诚挚地希望自己能够帮助对方实现目标	如果贵公司需要每分钟能打100个字以上的秘书，本人是绝佳人选
概述式	用一句话概述你所具备的任职资格及工作能力	在完成了会计学专业的学习，并取得了会计师资格后，我相信自己能够卓有成效地为贵公司发做出贡献

对于应届毕业生来说，还需要在信件的开头用一两句话说明自己的学校、学历、专业等基本信息。例如，"我是××大学财经管理学院电子商务专业2023届专科毕业生"。

2. 对单位或职位的认识

求职信中需要清楚写明应聘职位，同时需要简要描述自己对该单位或该职位的了解，以及说明自己能胜任该职位的理由，对招聘岗位的认识，一般是说招聘单位有什么好的方面吸引你，对他们进行适当的赞赏，让他们知道你很愿意在此工作。此外，也可以写对所谋求职位的看法，对该职位的重要性、作用或发展前景进行评价，为后面介绍自己的职位胜任力做好铺垫。

3. 说明能够胜任该职位的理由

这是求职信的关键部分。你需要有的放矢地说明你的个人技能和个性特征如何匹配公司的要求，要让招聘方明白为什么你是最好的人选。对于你的教育背景、知识技能、工作经验等，通常在简历中要翔实地予以介绍。为此，在求职信中，你只需针对与招聘单位及所应聘岗位的应聘要求，围绕你简历中的两三个要点进行发挥，突出你的知识技能和工作能力，以引起招聘单位的兴趣。切记，这部分内容一定要有针对性，一定要突出与所申请职位有联系的内容，你所陈列的每一方面的知识技能和实践经历都要能够表明你可以胜任该职位，从而让招聘人员觉得你是他们最好的人选之一。书写时语言要中肯，恰到好处；态度要谦虚诚恳，不卑不亢。最好能达到见字如见其人的效果，给招聘方留下深刻印象，进而相信你有能力胜任此项工作。

（四）结尾

求职信的结尾，要进一步强调求职的愿望，希望用人单位能予以考虑，或希望前往面谈，接受单位的进一步考察，以及表达祝愿，等等。不必过多寒暄，以免画蛇添足。可以从以下几个方面来写。

1. 提出希望和要求

希望对方给予答复并盼望能够得到参加面试的机会，例如"盼复""期盼贵公司回音"等。

2. 表示敬意和祝福

可以用祝语作为求职信的结尾部分，要写上感谢或祝福性的话语。例如"此致"，然后换行顶格写"敬礼"，或"工作顺利""事业发达"等。

3. 留下联系方式

要写明自己的详细通信地址、邮政编码和联系电话，从而让招聘人员在繁忙之中能够快速找到你的联系方式。

（五）署名和日期

写信人的姓名和成文日期写在信的右下方。先写姓名，成文日期写在姓名下面。姓名前面不必加任何谦称的限定语，以免有阿谀之感，或让对方看轻你的能力。成文日期要年月日俱全。

（六）附件

附件是附在信末、对你起着证明或介绍作用的有关材料。它不仅让读信人对你有具体的了解，还可增强读信人对你的信任感。附件不需太多，但必须有重点，有分量，足以突出和证明你的才华和能力。

下面是求职信的具体范例。

求职信

尊敬的××领导：

　　您好！

　　很高兴在招聘网站上看到贵公司的招聘广告，我对××职位非常感兴趣，期望能有机会加盟贵公司。

　　我叫×××，是×××学院 2021 级应用电子技术专业的一名学生。在校三年，我学习刻苦，成绩优异，曾获得国家励志奖学金。在校期间我主修电路、电子技术、信号与系统、数字信号处理、通信原理、无线电通信以及电子测量等多门课程。在学好各种基础课的前提下，我根据自己的特长和优势有选择地加深、拓宽专业知识面，熟悉 Word、Excel 等办公软件的基本操作；与此同时，我积极参与社会实践活动，培养了较强的动手能力，同时也拥有一定的分析和设计能力；能够熟练使用 C 语言、C++、VB 和 VC++ 进行软件开发；有较好的英语听说读写译能力。

　　在校期间，我取得了全国计算机二级证书与大学英语四级证书。此外，我还积极参加校内的各种活动以及校外的各种社会活动，向实际困难挑战，在挫折中成长，不断磨炼自己的意志，增长自己的才干。我热爱电子这一行业，对模拟、数字、高频、低频电路都有一定的了解，我有能力、有信心，以后一定会学得更好更精。我愿用自己的专业知识及实践经验为贵公司的发展倾尽全力！

　　非常盼望能与您进一步面谈，恭盼回音。最后，衷心祝愿贵单位事业发达、蒸蒸日上！

　　此致

敬礼

求职者：×××
××××年×月×日

三、求职信的注意事项

写求职信时应注意以下事项。

1. 目标明确，有的放矢

针对不同企业、不同职位要准备不同的求职信。有些求职者为了节省精力和时间，常常将求职信写成一种"广谱"信；然后大量复制，到处投递。这种没有针对不同的企业、不同的职位表达自己的能力和优势的求职信，会使用人单位无法进一步了解求职者的能力和经验，也无法提供面试的机会。因此，求职信不能"一稿多投"。

2. 富有个性和创意

求职者在求职信中应展示自己独特的解决问题的技能,并且用特定事例加以支持。

3. 实事求是,诚信为本

写求职信就是推销自己,要强调自身能力对于公司的价值,这就少不了要自我夸奖一番,但需要讲究技巧,张弛有度。自我夸奖的客观部分要真实坦诚,不夸夸其谈,要真诚可信;主观部分要言出由衷,以情动人。在求职信中说的一切都必须能够在面试中得到支持和证实,充分体现材料的真实性。只有让用人单位感受到求职者的诚恳和期望,才能有机会进入面试环节。

4. 言简意赅,规范格式

求职信内容要简洁,因为篇幅太长会给人以厌烦、拖拉的感觉,会使用人单位对求职者的第一印象大打折扣。篇幅以 1 000 字左右为宜,尽量把求职信控制在一页以内。信纸不要用彩色的,用 A4 纸激光打印。写完后,要反复检查,避免出现错别字和语法错误。

5. 不要重复简历内容

写求职信是为了吸引用人单位阅读你的简历。如果在求职信上只是简单地重复简历上的内容,等于失去了一个更好的介绍自己的机会。如果用人单位看到了一封内容和简历一样的求职信,根本不会留下深刻的印象,求职者可能就失去了一个可以和用人单位沟通的机会。

求职信的写作禁忌

一般来说,撰写求职信有六大禁忌,大学毕业生书写求职信时一定要注意。

1. 忌长篇大论

用人单位不会花很长时间来阅读求职信,篇幅太长会使用人单位产生厌烦心理,甚至认为求职者的概括总结能力不强。因此,求职信的内容应以简洁为原则,尽量在一页纸内完成。

2. 忌堆砌辞藻

即使你满腹经纶,也不要幻想用华丽的辞藻来打动招聘者。华而不实的语言属于大话、空话、套话,并没有实际的作用。那种虽无豪言壮语,但读起来亲切、自然、实实在在的求职信却能给用人单位留下深刻的印象。

3. 忌夸大其词

在措辞方面要留有余地,不要说得过于饱和。如"我能适应各种工作""我将会给贵单位带来新的生机"之类的表述,只能给用人单位留下你刚出校门,还很幼稚的印象。

4. 忌缺乏自信

适度的谦虚是一种美德,也会使对方产生好感,但过分的谦虚则是不自信的表现。写求职信时忌用"虽然我资历不够""虽然我不是名校的毕业生"等语句，因为用人单位关心的是你是否符合招聘岗位的要求。

5. 忌千篇一律

撰写求职信时要有自己的风格与特点，不能千篇一律、落入俗套。立意新颖、语言独特以及思考多元化的求职信才能给对方留下深刻的印象，引起招聘者的注意，并进而引起招聘者的兴趣，使自己赢得面试的机会。因此，一定要把自己的强项写出来，将自己的"亮点"展示出来。

6. 忌粗心大意

只有经过严格修改和反复推敲后的求职信才能收到良好的效果，因此，要重复翻看求职信，以避免出现错别字和语法错误。资料也要齐全，切记要留下可随时联系上你的电话号码。

第三节 制作个人简历

个人简历是求职材料中的重要组成部分，一般与求职信一起使用，是毕业生个人经历和全面素质的体现。简历具有说明书和广告的作用，它向未来的雇主表明自己拥有能够满足特定工作要求的技能、态度、资质和自信。简历制作的目的是引起用人单位的注意以赢得面试的机会，进而充分展示个人能力和才华，达到被用人单位录用的目的。

一、简历的类型

常见求职简历的类型包括纸质简历、在线简历、新媒体简历等。不同类型的简历，其内容大体上一致，但也存在一些差异。

1. 纸质简历

纸质简历是求职者为了让用人单位了解自身情况，用文字将个人基本信息等求职内容展示在纸上，是求职者向用人单位证明自己能够胜任所申请岗位的依据。简而言之，纸质简历是写着"自认为必要及必须告知他人的求职应聘信息"的材料。纸质简历的内容结构、风格设计及封面制作等多种多样，求职者可进行个性化的设计与制作。

2. 在线简历

在线简历是指求职者在应聘时通过网申系统填写提交的电子简历，即求职者直接在用人单位招聘主页或第三方专业招聘网站的申请投递页面，按照所提供的固定格式来填写的求职简历，也有部分用人单位要求填写其设计好的信息表格后再上传电子版（一般为Word文档）个人简历。

3. 新媒体简历

随着互联网和信息技术的发展，以及即时通信工具的普及，用人单位为节约招聘成本，招聘方式也在发生变化。不少用人单位采取"微博招聘""微信招聘"等招聘方式。新媒体简历主要包括"微博简历"和"微信简历"两种形式。"微博简历"主要是指求职者通过微博平台向用人单位投递的简历；"微信简历"主要是指通过微信平台向用人单位投递的简历。此外，有些毕业生充分利用信息技术手段，制作个性化的简历，如"视频简历"，这种简历是把求职者的形象与职业能力表述通过数码设备录制下来，经过对录制后的影像编辑及播放格式转换，再通过播放器播放的一种可以观看求职者影音形象的简历形式。视频简历凭借生动的影音效果以及丰富的信息量，快速拉近了求职者和用人单位的距离，使用人单位可以在较短的时间内更加全面了解求职者。

二、简历的格式和内容

（一）简历的格式

简历格式一般有表格式（表3-8）和条目式（表3-9）两种。表格式简历通过表格的形式展示求职者的基本情况，简明清晰。条目式简历不受表格限制，容量较大，可以根据实际情况展示求职者的资料，易于阅读。到底采用何种形式，需根据求职者本人的实际情况来决定。对应届毕业生来说简历的篇幅最好控制在一页纸以内。

表3-8 表格式简历

个人简历						
基本信息						
姓名		年龄		性别		照片
籍贯		民族		政治面貌		
手机号码		电子邮箱				
学习情况						
起止日期		院校名称			所学专业	
个人实践经历						
起止日期		工作单位		担任职位		工作内容
证书及技能						
获奖项情况						
自我评价						

表 3-9　条目式简历

姓　　名：	性别：	
联系电话：	邮箱：	照片
➢ **求职意向**		
➢ **教育背景** ××××年××月—××××年××月　　××××学院　　××××专业 主修课程： 培训经历：		
➢ **相关技能**		
➢ **获奖情况**		
➢ **实习实践经历** ● ××××年××月—××××年××月　　××××××××公司　　××××岗位 　　主要工作内容： ● ××××年××月—××××年××月　　××××××××公司　　××××岗位 　　主要工作内容：		
➢ **自我评价**		

（二）简历的内容

简历的正文主要包括基本信息、求职意向、教育背景、实习实践经历、相关技能、获奖情况、自我评价等七个方面的内容。

1. 基本情况

主要指姓名、年龄、性别、籍贯、学历、政治面貌、联系方式（电话号码和电子邮箱）等，还应贴上一张免冠正面照片，以增强直观感觉。婚姻状况、家庭地址、身高和体重等较为隐私的信息，可根据用人单位的招聘需求有选择地填写。个人基本信息模块的写作应该简单、直观、清晰并且没有冗余信息。一些关键信息，如电话号码要准确无误地填写。

2. 求职意向

求职意向也叫求职目标，它是求职简历的灵魂。简历中对自己的能力、经历等的介绍都是针对特定的求职意向而设计制作的。如果有多个求职目标，最好分别撰写不同的简历，求职意向越具体、针对性越强，获得面试机会的概率越大。

写求职意向时，切忌空泛，如希望从事具有挑战性的工作；也不要太多太杂，如文员、助理、行政、人事等多种职位，没有针对性，让人不知道你到底能做什么。最佳的求职意向写作方法应该是：行业+职位名称，或者是精准的职位名称，例如通信领域销售类工作。求职意向要写在醒目位置，这样才不容易被招聘者忽略。

3. 教育背景

教育背景能够让招聘单位迅速了解求职者的学习背景，以判断与应聘职位的相关性。正规的学校教育、自学科目、培训经历等内容都可以在教育背景中说明，内容最好与所应聘的工作职位相关。具体可以包含以下信息。

（1）时间/学校/院系或专业（从最高学历写起，高中的经历可以不写，学校名称等不用简称，培训经历也是求职信的重要信息）；

（2）主修课程（课程不是为了凑数，不要简单罗列所学的所有课程，要选择与求职意向有关的课程）；

（3）学习成就（可以写学分绩点、平均成绩、专业排名等，或者成绩比较高的与就业意向有关的课程的分数。这部分不是必选项）。

参考实例：

2020.09—2023.06　　××××职业技术学院　　电气自动化技术专业

主修课程：供配电技术、供配电工程设计实训、单片机应用技术、单片机测控技术实训、西门子1200/1500技术应用、工业组态及触摸屏技术、工业控制网络技术、PLC系统应用编程

成绩排名：年级第三。

4. 实习实践经历

实习实践经历是简历的重点，可以使用人单位了解毕业生的社会生产及活动能力、特长。主要包括两方面的实习实践：一是校外实习实践，包括毕业生的顶岗实习经历和在寒暑假参加社会实践的经历，二是校内任职情况，包括校（院）级学生会、团委、院（系）级学生会、社团、勤工俭学等内容。

在描述实习实践经历时，切忌含糊不清，一定要将自己的具体工作内容明确地描述出来。一般包括实践起止时间、单位名称、职位名称、工作内容、工作业绩或收获等内容。

参考实例：

2021.09—2022.11　　学校书画协会　　副会长

负责协会内部各类活动的组织与策划，负责协会内提升会员书画技术的工作，定期外出采风。任职期间组织开展6次书画展示交流、讲座活动。社团获得2022年校级"十佳社团"荣誉称号。

5. 相关技能

应该让招聘者从简历中了解自己所具有的各种能力。通常包含英语能力和计算机能力、专业技能。其中大学英语四六级考试、大学英语B级应用能力考试最好列出成绩，计算机水平则应该详细描述能使用哪些计算机软件进行哪些方面的操作，专业技能则应描述清楚与应聘职位相关的专业知识和专业技能掌握情况。描述技能时尽可能不使用"熟悉"等字眼，因为"熟悉"只等于知道，说明你不熟练、不常用。

参考实例：

① 专业技能：获得低压电工证，能对常用低压电器及配电装置进行安装与维护。

② 英语技能：CET-4考试521分，能进行英语口语交流和写作。

③ 计算机能力：熟练使用Office办公软件，能用Word做海报，能用Excel做报表，能用PPT做报告。

6. 获奖情况

这部分包括学生时代获得的所有荣誉及各类证书，如三好学生称号、优秀学生干部称号、奖学金，以及技能竞赛所获奖项。可根据获奖时间顺序进行排列，也可按照奖项的级别从高到低列出。无任何工作经验的应届毕业生应着重列出此项，这有可能成为简历的亮点。

一定要注意"相关性"原则，突出对未来工作最有用和与之最直接相关的获奖情况，从格式版面上做到清晰有序、层次分明。

参考实例：

① 2022年7月，第八届中国国际"互联网+"大学生创新创业大赛××赛区金奖；

② 2022年10月，获国家励志奖学金（奖2%）；

③ 2022年12月，获×××学院"百名技术服务能手"荣誉称号。

7. 自我评价

自我评价必须简洁且应与应聘职位要求相关，目前多数企业对沟通能力、团队协作精神、学习能力、责任心等比较看重，可结合自己特点撰写。毕业生可以回顾一下自己的工作经历，总结工作中所积累的经验，选出与所投递岗位的要求比较吻合的性格特征、职业素质及工作能力等，写在自我评价中，以突出自己的优势。

参考实例：

真诚、内敛、专注；具有缜密的思维、超强的沟通和学习能力；具备良好的团队协作能力和团队管理潜力。

下面是一份大学生求职简历的具体范例。

【个人概况】

姓名：×××　　　　性别：女　　　　民族：汉

手机：×××××××××××　　　电子信箱：××××××

【意向岗位】

室内设计师助理

【教育背景】

2020年9月—2023年7月　　××××学院　　建筑室内设计专业

学习成绩：本专业第三名，平均分为86分。

主修课程：CAD制图、3D MAX制图、建筑室内施工图深化设计、家具设计与软装搭配、装饰材料与施工工艺、建筑装饰设计、室内装饰工程概预算、住宅空间设计

【职业技能】

国家计算机一级证书，熟练掌握电脑操作和维护，熟练使用Office办公软件。

高级CAD证书，能使用AutoCAD计算机辅助设计软件完成相应工作，能熟练绘制图纸。

熟练使用3D MAX相关专业软件，能绘制建筑室内电脑效果图。

【实践经历】

2021年7—8月　　××装饰设计公司　　设计师助理

负责现场勘测绘图及平面布置，共接待6个客户，完成图稿设计6份。

2022年1—2月　　××家具公司　　绘图员

按照客户需求进行家具设计图纸绘制，完成2份卧室衣柜设计图。

2022年7月—2023年7月　　×××学院　　摄影协会会长

积极参与协会内的各项活动，领导其他干事一起参与各类活动的策划；负责协会内提升会员摄影技术的工作，在协会内部讲解相关课程并面对全校师生开展交流、开办讲座。增强了动手能力、团队协作与沟通能力。

【获奖情况】

1. 2022年10月，第×届全国大学生广告艺术大赛××赛区二等奖；
2. 2023年6月，获得学院"全优生""优秀学生干部"荣誉称号；
3. 2023年1月，获得学院"一等奖学金"；
4. 2022年5月，获得学院"室内设计技能大赛"一等奖。

【自我评价】

个性坚韧，吃苦耐劳，工作认真，有较强的钻研开拓精神；为人热情乐观，兴趣广泛，适应性强，人际关系和睦；有较强的组织、协调能力；善于沟通，有良好的团队精神。

三、简历的注意事项

(一) 简历的写作要点

1. 真实

简历最首要、最基本的要求就是真实。诚实地记录和描述能够使对方产生信任感。而用人单位对求职者最基本的要求就是诚实。在简历的书写过程中,要基于真实的经历来书写,切不可虚构实习实践经历,或者对成绩弄虚作假。

2. 简洁

招聘者每天要面对大量的求职简历,筛选时一般每份所用时间不超过1分钟,只是"扫描"而已。所以如何在极短的时间内抓住用人者的"眼球"最为关键。言简意赅、流畅简练、突出重点、一目了然的简历,在哪里都是最受欢迎的。

3. 重点突出

要深思熟虑,不落俗套,要根据单位和职位的要求,写得精彩、合乎情理、有说服力。重点内容引起关注以后,才会比较关注全面情况。简历的作用就在于让一个陌生人在很短的时间内了解你的"亮点",因此要特别注意突出与应聘岗位匹配的素质和能力。

4. 语言准确

不要使用拗口的语句和生僻的字词,更不要有病句、错别字。行文也要注意准确、规范,以简明的短句为好。对于不能很好证明你工作能力的词语,尽量删掉,学会使用简历语言。

5. 版面美观

版面设计是简历的真正"第一印象"。个人简历的总体形象将会影响用人单位对求职者的看法。个人简历没有固定的排版格式,简历应布局合理、干净利索,而且看上去很专业,还需充分利用页面布局。

6. 避免错误

面试官常常很吃惊地看到一份大学生个人简历中出现印刷错误、语法错误及标点符号错误。要是没有这些错误,那将会是一份很好的简历。如果有必要,找个擅长校对的人员检查一下,自己再检查一遍。

拓展阅读

简历自测清单

想要判断简历内容是否恰当,可以通过以下几点标准来自测。

(1) 姓名、年龄、学历、专业能很容易被找到。

(2) 求职意向、联系方式(尽量单一)、电子邮件、地址等清晰列出。

（3）含有与求职目标相关的社会实践、科研或实习工作经验（内容真实、简要）。

（4）有清晰的个人技能描述，并且给出具体数字或者证书描述。

（5）有中肯、简要的自我评价（个人特长），有论据支持自己的评价。

（6）关键词有提炼，与求职目标相关，并且容易被人发现。

（7）简历整体有清晰的格式，简单明了，有方便阅读的换行符号。

（8）如果是网申，按照既定的要求录入，确保用人单位人力部门工作人员看到你的信息时一目了然（如避免英文简历中出现中文，而中文简历中又出现英文）。

（二）简历的制作创新

在各种简历模板的约束下，许多简历失去了个性，往往很难吸引招聘者的目光。只有个性突出、特征鲜明的简历，才更容易在竞争中取胜。个性化创意简历的制作主要从以下几个方面进行。

1. 针对目标企业量身定做

单位的新产品、企业标识、企业名称、企业识别色等元素，对于招聘官而言具有特殊的意义，会给他们带来情感上的影响和共鸣。因此大学生的简历可以借助这些元素进行简历封面、内容、形式上的创新，将其巧妙地融入简历中，并且把这些要素同自身有机地联系起来。招聘者通过阅读这些要素传递的信息，会极大地加深对应聘者的认同感和亲切感。

2. 结合应聘岗位创意表达

简历还可以从体现求职者应聘岗位所需的职业技能和职业修养的角度进行创新，在简历上表现出求职者具有符合应聘岗位要求的能力、水平和职业意识，可以制作不同形式的个性化简历。例如应聘人力资源管理岗位，可以把简历做成计划引进的人才档案，以人才档案的形式出现，内容可以是引进人才的原因、人才的主要成就等要素。

3. 根据专业特点进行创新

各个专业都有其专业特点和专业语言，从专业角度出发进行简历创新，可以通过简历体现专业素养和对专业的深入理解。例如应聘公司财务人员时，可以把求职简历做成一份会计报表。会计报表是会计人员体现专业技能的主要形式，能表现出极好的专业意识和专业素养。

但求职简历的创新也有需要注意的问题：首先，简历创新要把握方向，切不可偏离目标，简历的目标就是获得面试，能实现简历目标的简历就是最好的简历。其次，简历创新要慎重，千万不要离谱，要以招聘者和常人能接受的方式进行创新。

（三）简历的投递方式

1. 本人直接送达

毕业生要按照招聘单位指定的时间和地点，将自己的求职材料直接送达招聘者，其中包括招聘会的简历投递。这种方式使毕业生能够利用与招聘者初次面谈的机会，表达选择该用人单位的强烈意愿，为自己在众多求职者中脱颖而出创造一个机会。直接投递简历应注意以下几条。

（1）有的放矢投递简历。刚毕业的大学生实践经验少，应寻找对工作经验要求相对较低或无明确经验要求的职位。也不能急于求成，漫无目的地乱投简历，不管什么单位、什么职位，也不管自己适不适合都投，这样求职的成功率很低。因此，应该在全面详细了解招聘的职位信息后，根据自己的实际情况投递简历。

（2）与招聘者积极沟通。想方设法了解企业的情况、某个岗位的具体职责、招聘要求等。在投递简历前可向招聘者询问是否接收应届毕业生，然后对照自身条件、职业目标考虑有无成功的可能性。

（3）主动询问应聘结果。毕业生应尽可能了解招聘方的联系方式、联系人姓名，在简历投递后通过电话、邮件等方式积极主动与招聘方联系，询问应聘结果。

2. 通过快件或信函投寄

按照指定的时间、地点将自己的个人简历通过信函或快件投寄到招聘单位。邮递简历要本着"越快越好"的原则，在见到招聘信息后尽快投递。特别需要注意的是，一定别忘了在信封的显著位置标明应聘职位，以方便招聘者处理。

3. 利用网络投递

这种方式将是未来主要的应聘材料送达形式。招聘者通过电子信箱直接看到应聘简历，并将符合用人单位要求的简历筛选出来。这种方式省时省力，节约招聘成本。网络投递简历应注意以下几条。

（1）仔细筛选信息。网上人才市场鱼龙混杂，要学会利用职位搜索器等工具过滤、筛选信息，仔细分析每条招聘信息的真实性和有效性。毕业生可以通过网络、人脉了解一下该公司的背景、经营情况、企业文化、有无负面报道等。

（2）选择合适的方式。不同的企业要求的简历投递方式会有所不同。有些公司有自己的员工招聘系统，会要求求职者直接登录系统在线填写简历；还有公司会在网上公布格式统一的"职位申请表"，要求填写后发送；还有公司不希望求职者用附件形式发简历等。毕业生应该严格按照招聘方要求的方式投递简历，这样才能保证顺利地进入筛选程序。

（3）第一时间投递简历。在当今就业激烈的形势下，大学生掌握招聘信息后，第一时间做出反应就显得非常重要，尤其是一些网络招聘会，收简历时间较短，所以一定要争取在第一时间找出中意的用人单位，并投递简历，以抢占先机。

（4）不要同时申请多个职位。目前，向同一家用人单位同时申请多个职位的大学生不在少数。其实，向同一家用人单位同时申请多个职位，并不能表明你的能力超常，相反，用人单位会觉得你非常盲目，没有自己明确的目标，缺乏主见。因此，向同一家用人单位申请多个职位的做法并不可取。

（5）及时更新简历。所谓更新简历，并不是指无目的的更新。这里的更新是要对不同的用人单位和职位有针对性地制作简历。要根据新的用人单位和职位更新简历。

（6）检查发件人和邮箱。邮箱投递简历前要检查头像和名称，避免出现各种奇奇怪怪的头像和昵称。邮件主题一般按照"应聘岗位+姓名+大学+手机号"的格式来书写。

拓展阅读

求职简历投递失败　六大原因总结

每当求职者做好简历模板，然后投递一份简历，总是期望能有所回应。但大多数情况下，这份简历就消失在了茫茫求职海洋中，杳无音信。这对满怀希望的求职者来说，是一次又一次失望，并且十分打击求职者的自信心。那么究竟是什么原因，让这份求职简历石沉大海呢？在此，特整理了如下原因，以供求职者们借鉴参考。

（1）简历没有明确写出求职意向或求职岗位。对于接收简历的HR来说，每天面对成百上千份简历邮件，若是没有标注求职意向或求职岗位的简历，那么自然一下子就被删除了。更有甚者，会被当成垃圾邮件，连HR都没见到就被淘汰了。

（2）简历与应聘岗位不相符。当HR在短时间内浏览简历时，若无法从该求职简历中看到符合招聘要求的表述，那么当然立即被淘汰。因此，在求职简历的写作上，需要突出简历符合招聘要求等，并且最好能让HR一眼就能看出。

（3）简历内容过于简单，体现不出亮点。很多求职简历只是简单地罗列出个人基本信息、教育信息等。对于HR关注的工作经历和工作能力，反而轻描淡写。这样的简历无法在第一时间吸引HR的注意，并且也无法让HR了解求职者的专业知识、能力水平等。索然无味的简历只会让人看过就忘，看过就丢。

（4）简历中出现错别字或者时间排序混乱。很多HR表示，当看到有错别字的简历时，往往第一个念头就是不想再看下去。毕竟一天需要看如此多的简历，错别字的出现更会让HR对其印象不好。而同样的，若是看到时间排序混乱的简历，使简历显得很杂乱，自然也不会让人想深入了解这个求职者。

（5）工作经历显示出"频繁跳槽"的迹象。对于频繁更换工作的求职者，招聘企业一般都是有所顾虑的，毕竟这能显示出一个人的工作态度和能力。因此，若是简历显示出频繁跳槽现象，那么HR自然也会慎重斟酌。

（6）投递的时机不正确。有一些简历由于在不恰当的时机投递，也会面临惨遭淘汰的命运。当然，这样的时机是求职者不能主观预见到的。虽然时机很重要，但若是简历本身够吸引人，那么说不定还是有机会的。毕竟，机会总是垂青有准备的人。

案例分析与讨论

【案例】

虽然我学的是阿拉伯语，但大四前我并不为工作的事着急。大学前3年我都在一家贸易公司做兼职翻译，负责国际贸易的总经理曾经对我许诺：毕业后直接来上班就行！到了大四求职季，我与他联系，可他却委婉地告诉我，因为和埃及那边的合作取消，公司已经不需要阿拉伯语专业的人了。

看着不知所措的我，宿舍姐妹们要我赶紧制作个人简历。好朋友还千叮万嘱我一定要把简历做得漂亮华丽些，见到合适的公司一定要递上去，绝对不能错过任何机会。没有求职经验的我点头称是，拿出1 000元做了10套装帧华丽的简历，仅一套就是厚厚一叠。

招聘会热火朝天，用人单位很多，求职的大学生更多。我把简历一份份递上，可得到的回答不是专业不对口，就是需要两年以上的工作经历。虽然我再三强调我有3年贸易公司兼职翻译经历，但无济于事。

我终于在招聘会现场看中一家大集团的海外贸易部。负责招聘的大姐快速翻看我的简历，皱着眉头说："你什么专业的，到底要应聘哪个部门，有什么特长，写那么多干吗？等电话吧！"说完"啪"的一声把简历扔进一大摞简历堆里，高声喊"下一个"。

来回走了一圈，工作的事情没有着落，可简历却一份也不剩。正当我沮丧地准备离开时，却意外看到会场尽头角落里的环亚旅游公司。这家从事境外旅游的公司招聘上清楚写着：招聘阿拉伯语。我兴奋地走过去，负责招聘的中年男子笑着问我："同学，你的简历呢？"我才意识到我手里一份简历也没有了。匆忙把姓名、学校、专业、特长填写在一张空纸上递给负责人，他皱着眉头收下，挤出笑容说："好的，那你等通知吧"。

一个礼拜过去了，我没接到任何面试电话。打电话到"环亚旅游"，耐心报了自己的学校、专业和姓名，可电话那头却冷着嗓子说："我们从来没有收到过你的简历！"而此时和我同一个专业的某男生却成功应聘到我心仪的那家大集团海外贸易部。他告诉我，他的简历只有2页，一页介绍自己的基本情况（包括各科成绩），一页是大学4年的社会活动简介。他说完后，我顿时傻了眼。

【案例思考与讨论】

案例中的"我"应聘失败的原因是什么？

课堂探索活动

活动名称：简历挑错游戏。

任务目的：检验对简历水平的评审能力，帮助参与者明确简历要素，提高简历制作水平。此外，帮助参与者意识到写完简历并非大功告成，简历完成后要仔细、不断地进行修正，因为有错别字或语法错误的简历，通常最容易被刷下。

任务说明：

（1）每个参与者从给定简历中挑出失误之处，时间为 3 分钟。

（2）每个参与者和小组同伴讨论汇总他们的选择，时间为 3 分钟

（3）各小组展示讨论结果，看看哪个小组挑错最多。请小组代表分享活动体会，时间为 4 分钟。

课后任务

（1）结合专业、意向单位和岗位，撰写求职信。

（2）根据职业意向，设计制作一份个人简历。

（3）观看有关简历造假的视频报道，谈一谈你对"诚信，才是最拿得出手的简历"这句话的理解。

第四章　面试技巧与职业礼仪

教学目标

知识目标：了解笔试、面试的基本内容及考核意图，认清面试礼仪的重要性。

能力目标：掌握笔试与面试的方法、技巧以及面试的基本礼仪。

素质目标：通过学习，在做好求职准备和笔试、面试注意事项的基础上，具备处理应聘过程中各种因素的综合素养。通过课外小组实践作业，探索本专业对应岗位的职场礼仪，培养知礼、守礼的职场人。

知识内容框架图

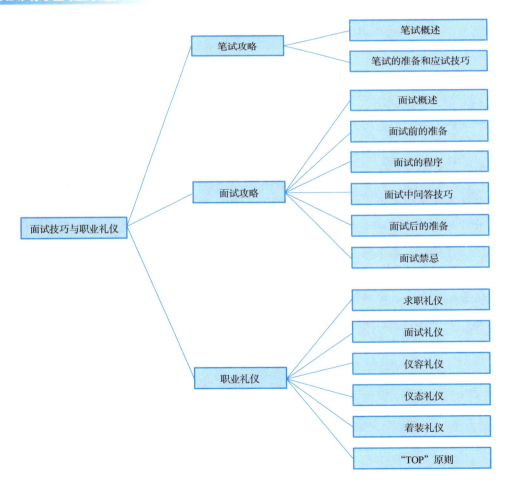

学习任务流程图

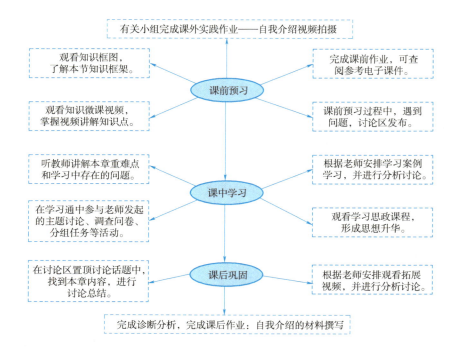

课前小组实践活动作业

一、课外小组作业：面试技巧访谈——面试中遇到不会的问题怎么办？

具体要求：访谈一个所学专业对应岗位工作1~3年的人物（或者专业教师、学长、学校招聘会用人单位人事）。了解该人物在公司所在的部门；在面试时，遇到不会的问题是怎么处理的；对即将毕业的学弟学妹们有什么面试建议？可以通过PPT展示访谈内容、图片和获得的结论，也可以用拍摄视频方式直接记录访谈情景，并进行剪辑，添加字幕。

二、课程素养培养课外小组作业：职场探索——社会认知

具体要求：以小组为单位探索并报告"本专业毕业从事岗位的职场礼仪"。各小组通过PPT展示或拍摄视频等方式完成。

第一节　笔试攻略

一、笔试概述

（一）笔试基本分析

"如何招聘到合适的员工"这一问题已经受到越来越多管理者的重视，而做好笔试工作，是提高组织人力资源管理效能的一个方面。

笔试是人才选拔中较为常用的技术之一，也是最基础的技术之一，即使在日益发展的现代人才测评技术中，笔试的方法和技术也仍然受到世界各国的重视，发挥着重要的作用。

笔试是与面试相对应的一种公开选拔的招聘方式，它主要以书面问答的方法考核应聘者的学识水平。在考察应聘者知识掌握程度和知识运用能力方面发挥着不可替代的作用。笔试的优点在于花费时间少、效率高、成本低，对报考者的知识、技能、能力考查的信度和效度较高，成绩评价比较客观。但是笔试也有缺点，主要表现在不能全面直接地考查求职者的工作态度、品德修养以及其他的一些隐性能力，因此笔试只作为人员甄选方式的补充或初步筛选方法。

为了更好地应对笔试，大学生应该了解笔试试题的内容，做好笔试的相关准备，并掌握笔试的方法和技巧。

（二）笔试试题的内容

笔试一般包括以下几方面的内容：一是职业道德测试，主要是从业人员在一定的职业活动中应遵循的道德要求和行为规范；二是知识面的考核，主要是一般知识考试和担任某一职务要求具备的专业知识考试。

详细内容介绍如下。

1. 职业道德测试

职业道德测试是从业人员在一定的职业活动中应遵循的道德要求和行为规范。
职业道德测试题示例：
在工作中当你业绩不如别人时，你通常会采取（　　）的做法。

A. 顺其自然　　　　　　　　　B. 努力想办法改变现状
C. 请同事帮忙　　　　　　　　D. 换个工作

2. 一般知识考试

一般知识考试内容可以包括社会文化知识、语言理解能力、数字能力、推理能力、记忆力、外语、文艺等各个方面，目的主要是了解求职者对基本知识的掌握程度。

例如，国家公务员招录考试中《行政职业能力测试》笔试科目，事业单位公开招聘分类考试公共科目《综合应用能力》笔试科目，国有企业、中央企业招聘中《职业能力测试》、企业文化和基本情况等笔试内容。

一般知识考试题目示例：

1. 甲单位招聘乙作为行政人员，下列哪一做法符合法律规定？（　　）

A. 甲单位在乙入职三个月后，与乙签订书面劳动合同

B. 甲单位与乙签订期限为两年的劳动合同，约定二个月试用期

C. 乙方在试用期内的工资为劳动合同约定工资的50%

D. 在试用期内，甲单位将乙解聘，未向乙说明理由

2. 某单位共有160名员工，该单位在七月的平均出勤率为85%，其中女员工的平均出勤率为90%，男员工的平均出勤率为70%，该单位共有男员工（　　）人。

A. 40　　　　　B. 50　　　　　C. 70　　　　　D. 120

3. 专业知识考试

专业知识考试又称深度考试，考试的内容主要是和应聘职位有直接关系的专业知识，目的是了解应聘者掌握相关专业知识的程度和范围，以及对专业知识的运用程度。比如金融机构的专业测试主要考查金融知识、货币政策等信息，IT行业主要考查编程能力和程序语言的运用，机械、电子等行业主要考察一些行业基本概念和在实际中的运用，而文职管理类工作则一般会要求针对某热点问题写一篇评论等。再如，事业单位公开招聘分类考试公共科目《综合应用能力（E类）》基础知识和招聘岗位专业知识应用能力笔试内容，国有企业、中央企业招聘中《专业知识》笔试内容。

专业知识考试题目示例：

1. 计算机开机的正确操作过程应当是（　　）。

A. 先外设，后主机　　　　　　B. 先主机，后外设

C. 先显示器，后打印机　　　　D. 先打印机，后显示器

2. 根据以下资料回答问题。

实验名称：绿叶在光下制造有机物实验

实验目的与要求：

（1）检验绿叶在光下制造的有机物是不是淀粉。

（2）探究光照是不是制造有机物不可或缺的条件。

实验步骤：

① 把天竺葵叶片放在盛有酒精的小烧杯中，隔水加热，使叶片含有的叶绿素溶解到酒精中；

② 把天竺葵放在阳光下照射；

③ 用黑纸片把天竺葵的上下两面遮盖起来；

④ 把天竺葵放在黑暗处一昼夜；

⑤ 把部分遮光的叶片摘下，去掉遮光的黑纸片；

⑥ 用清水漂洗叶片，再把叶片放到培养皿中，向叶片滴加碘酒。

材料中的实验步骤顺序是错误的，其正确的顺序应为（　　）。

A. ④②③①⑤⑥　　　　　　　　B. ④③②⑤①⑥

C. ②③④⑤①⑥　　　　　　　　D. ②④③⑤⑥①

还有一部分国企、央企、外企招聘时，为确保人岗匹配，了解应聘者的个性类型，因人而异地采取有效的管理，会对个性测评中的个性心理特征进行测评。

一些特殊的工作岗位，如飞机驾驶员、高空带电作业者，这些岗位操作员常常处于身心的高度紧张状态，要求员工不仅有灵活快速的反应，而且有冷静、理智、胆大心细、临危不惧的心理品质。

个性心理特征主要包括能力、气质、性格。

常见的个性测评类型主要有气质测评、职业兴趣测试、能力测评（智力测评、能力倾向测评）等。

一般来说，每家招聘单位可能选用的题型都会有与之相匹配的成熟考试类型作为参考。因此，大学生在求职前可以利用网络广泛搜集该企业笔试的相关内容，或者咨询以前曾参加过该企业面试的学长，从中获得宝贵的经验。

二、笔试的准备和应试技巧

"凡事预则立，不预则废。"应聘者一定要根据自己应聘的单位和职位所偏好的笔试类型进行全方位的了解，并了解笔试考核意图，明确笔试内容方向，做好一般知识、专业知识、个性测试等方面的准备，掌握答题技巧，做到事半功倍。

（一）了解笔试类型，做到有的放矢

不同的笔试类型，有不同的考试内容，毕业生在考前应详细了解，针对不同情况做出相应的准备。比如公务员考试就有明确的考试题型，并可以找到相关的学习指导书，考生可以有计划地复习。一些用人单位的笔试则相对灵活，范围也比较大，没有明确相关的参考书。毕业生可围绕用人单位划定的大致范围翻阅一些有关的图书资料。笔试成绩与毕业生平时的积累也有很大的关系，如果毕业生兴趣广泛，平时注意关注各种信息，考试时就能驾轻就熟，得心应手。

（二）明确笔试内容，系统掌握知识点

1. 职业道德知识准备

职业道德是人民通过学习与实践养成的优良职业品质，它涉及了从业人员与服务对象、职业与职工、职业与职业之间的关系。

首先，加强理论学习。学习中华民族的传统道德理论、共产主义道德理论，理解马克思主义道德观、社会主义道德观等，用先进的道德理论武装自己、教育自己；认真学习所学专业的职业道德理论，获得多方面的道德知识；学习职业道德规范，掌握职业道德，加强与所学专业相关的职业道德规范的学习。

其次，将理论付诸实践，积极利用校内校外实践机会加强职业道德修养，在学习职业技能的过程中培养良好的职业道德修养。

除此之外，向优秀榜样学习，向本专业优秀从业者的行为标准看齐，慎独，自省。

2. 一般知识的准备

常识类试题主要涵盖地理、历史、政治、经济、文化、社会热点等方面，这类考试难度不大，但涉及面非常广，需要应聘者具有广泛的知识面。对待这类试题，平时的积累很重要，要广泛阅读书籍、报纸、杂志等，从各种渠道了解相关的知识。另外在备考时也可以利用事业单位自主招聘考试中《公共基础》的复习资料，在短时间内获取有效信息。

判断推理类试题主要涉及对数字、图形、词语概念、文字材料的认知和理解、比较、组合、归纳、分断能力。在解答这类问题时，迅速理解把握题干的意思，抓住关键，对比排除。

公文写作类试题主要考查求职者的文字表达能力，应聘者除了查阅应用文写作类的图书，查阅官方媒体公文，了解各类应用文文体的格式外，还需在平时加强文字书写练习，提升写作能力。另外应用文的写作只要求格式规范、叙述清楚、语句通顺、用词准确、观点正确、材料充实，对文采和辞藻的要求不高。

3. 专业知识的准备

参加专业对口岗位的笔试，应查阅所学专业人才培养方案，明确并复习应聘岗位相关的专业核心课程，梳理专业核心课程的体系、框架、重点内容。参加非专业对口岗位的笔试，更要在明确应聘岗位对应的专业课程，学习相关专业知识。由于笔试的复习时间较短，专业知识点较多，这种复习主要围绕应聘岗位的岗位职责和能力，完成知识系统化、完整化和熟练化三大任务，并把理论知识转化为智力来分析和解决问题，转化为"创造性的认知才能"，具备分析和解决实际问题的能力。

同时，毕业生在准备专业考试时，还必须了解本专业的最新发展趋势。积极发挥互联网的优势，参阅定期出版的专业杂志、报纸，和不定期出版的论文、学术刊物、学术会议资料等纸质、电子资料。

（一）调整身心状态，减少应考压力

求职过程中的笔试毕竟不同于学校平时的考试，临考前要注意以下几点：

（1）要适当减轻思想负担，不可给自己施加过大的压力，否则适得其反。

（2）笔试的前一天要注意休息，保证充足的睡眠，避免考试时精神不振，影响正常思维。

（3）要适当参加一些文体活动，从而使高度紧张的大脑得到放松休息，以充沛的精力去参加考试。

（二）调整自我认知，提升应试自信心

缺乏自信心往往会导致大学生笔试怯场。大学生应客观冷静地对自己进行综合评估，克服自卑心理，增强自信心，应聘笔试同高考不同，高考是"千军万马过独木桥"，且"一锤定音"，而应聘笔试与所学专业、应聘岗位等多种因素相关，且有多次机会。因此大学生可以调整自我对应聘笔试的认知，适当放松心情，调整好精神状态去应试。

（三）掌握答卷技巧，提高笔试通过率

应聘笔试与学校的考试一样，有一定的答题方法。掌握科学的答题方法，可帮助大学生提高笔试成绩。总体来说，答卷的方法有以下几点。

1. 通览试卷，遵循原则

大学生在拿到试卷后，先通览试卷，了解试卷题型、题目数量和难易程度，以便分配答题时间，把握答题节奏。遵循先易后难、先大分值后小分值的答题原则。

2. 认真审题，寻找题眼

认真审题是答题中最基础又最重要的核心步骤，尤其是审题干。善于发现"题眼"，即一道题设计用来考查的具有命题价值的知识点。发现"题眼"，了解考查知识点，可明确答题思路，同时，还可有目的地去注意题干和选项中的一些关键句，或带着"题眼"回归到材料找到"关键句""关键词"等。

如国家公务员招录考试中《申论》笔试科目，事业单位公开招聘分类考试公共科目《综合应用能力》笔试科目等，均需按题找点，采点给分。

3. 注重卷面，重点复查

笔试时应注意卷面整洁、字迹清晰，采用楷书书写，行距和字迹适中。同时抽出时间对容易出错的地方进行检查，特别注意不要漏题、跑题，避免出现错别字、语法不通、词不达意等错误。应聘笔试不同于其他专业考试，有时用人单位在意的并不仅仅是考分，在笔试中展示出的认真的态度、细致的作风会增加被录用的可能性。

4. 留心细节，举止文明

（1）准备齐全。考试前一天，将笔试所需物品准备好，包括准考证、身份证等必备资料，查阅准考证上的注意事项。同时，带齐考试必备的文具，如签字笔或钢笔（黑色签字

笔)、2B 铅笔、橡皮等。

（2）提前到达。考试当天，求职者最好提前半小时达到考场。以达到从容、心绪平静的目的，提前进入考试状态。

（3）听从安排。求职者应当在监考员的安排下就座，不要自行选择座位，更不要抢座位。如果因为特殊情况，座位确实有碍于自己考试需要调整，一定要有礼貌地向监考员说明；若实在不能调换，也应理解其工作上的难度。

（4）遵守规则。在落笔之前，求职者一定要听清楚监考员对试卷的说明，不要仓促作答，不要漏题，不能有不顾考场纪律、我行我素的行为。

（5）写好姓名。答题前一定要先将自己的姓名等信息填写在相应的位置，避免遗忘而功亏一篑。

（6）举止文明。在考试过程中，不要有偷看他人的试卷、私自拿出用人单位所禁止的参考资料、与旁人商量、把试卷翻得噼里啪啦作响、用笔击打桌面、要求去洗手间、经常移动身体或椅子等不光彩或不文明的举止。

第二节 面试攻略

一、面试概述

（一）面试的含义

面试是一种在特定场景下，考官有目的性地与求职者进行面对面的观察、交流、互动的测评方式，是考官通过双向沟通来了解面试对象素质状况、能力特征以及应聘动机的人员甄选手段。通过面试，不仅可以考查求职者的学识水平，还能考查求职者的能力、才智及个体心理特性等。

（二）面试的特点

与求职资格审查、笔试、工作演示、试用等人员甄选方式相比，面试具有以下几个显著特点。

（1）面试以谈话和观察为主要手段。

（2）面试是一个双向沟通的过程。

（3）面试内容灵活。

（4）面试交流的直接互动性。

（三）面试的种类

面试的形式依据划分标准的不同，种类也不同，下面就常见的两种划分标准介绍面试的种类。

1. 依据面试的结构化（标准化）程度划分

根据面试的结构化程度，面试可以分为结构化、半结构化面试和非结构化面试三种类型，如表4-1所示。

表4-1 根据面试的结构化程度划分的面试类型

类型		内容
结构化面试	概念	所谓结构化面试，是指面试题目、面试实施程序、面试评价、考官构成等方面都有统一明确的规范的面试
	优点	（1）面试结构严谨，层次性强，评分模式固定，能确保重要的或关键的信息不会遗漏； （2）有助于降低因面试官个人的偏见而有意或无意地筛选结果造成的影响，面试的公平性以及面试的信度和效度都比较高
	缺点	（1）问题是事先设定好的，面试官没有发挥的余地，不便过于多问； （2）可能让面试官感到有些僵硬，谈话不那么顺畅和自然

续表

类型		内容
非结构化面试	概念	（1）在面试过程中，不存在结构化的面试指南或必须遵循的既定格式； （2）面试考官并没有一个必须遵循的面试问题提纲，也没有明确的问题顺序，甚至可能没有统一的评分规则和评价标准
	优点	（1）面试官和求职者之间的谈话比较自然和顺畅，前后连贯，逻辑关系比较清晰； （2）面试官可以根据求职者的个人特征对一些个性化的问题进行更深入的探讨
	缺点	非结构化面试很难确保为所有求职者都提供公平的机会，而且很难确保所有的关键问题都能被问到。面试问题容易受面试官个人兴趣或工作背景等因素的影响
半结构化面试		半结构化面试则是介于非结构化面试和结构化面试之间的一种面试形式，它结合了两者的优点，有效避免了任何一种单一方法的不足

2. 依据面试组织形式划分

根据面试的组织形式，面试可以划分为单独面试、系列面试、小组面试和集体面试四种类型，如表4-2所示。

表4-2 根据面试组织形式划分的面试类型

类型		内容
单独面试	概念	单独面试又称一对一面试，是指面试官和求职者两个人单独见面，面试官进行口头引导或询问，求职者作出回答，这是一种比较常见的面试形式
	优点	双方的注意力都比较集中，谈话的连续性和逻辑性比较好，求职者相对来说会感到比较自然
	缺点	（1）双方的对话可能进展不顺利，甚至难以进行，因而会出现一些比较尴尬的场面； （2）单独依靠一位面试官得出的结论做出甄选决策时，难以确保决策的准确性
系列面试	概念	系列面试又称顺序面试，是指组织根据某种特定的先后顺序，安排组织中的若干人员对同一位被面试者进行多轮面试，最后再将所有面试官独立得出的面试结果加以汇总，从而最终得出面试结论
	优点	系列面试过程既可以是结构化的，又可以是非结构化的。有利于确保面试结果的有效性，避免了因为某一位面试官个人的偏见或疏忽而出现的评价误差
	缺点	需要参与的人员数量较多，耗费的时间较长

续表

类型		内容
小组面试	概念	所谓小组面试，是由一组面试官在同一时间和同一场所，共同对一位求职者进行提问、观察并作出评价的面试方法
	优点	（1）每位面试官在提问题时注意相互补充，或者对求职者的相关特征进行层层递进的深入挖掘，可以保证面试时所提的问题全面、深入。 （2）可以有效地避免在系列面试中可能出现的一种情况，即求职者不得不反复回答每位面试官提出的相同问题
	缺点	某些求职者在接受小组面试时可能会感觉到压力比较大，在回答问题时可能会比较紧张或拘谨
集体面试	概念	集体面试是多位求职者在同一时间和同一场合，共同接受面试官面对面询问的一种面试形式。在集体面试中，面试官既可以是多人，也可以是一个人
	优点	有助于考察求职者在一个群体中的思维方式以及行为方式，从而考察他们的人际关系能力和语言表达能力
	缺点	某一位求职者的回答很可能会对其他求职者产生影响，这种情况下，他们在回答问题时，必须考虑怎样回答既真实又比较妥当

3. 一些特殊的面试形式

一些特殊形式的面试如表 4-3 所示。

表 4-3　一些特殊形式的面试

类型		内容
压力面试	概念	压力面试是指面试官在面试过程中故意制造出一种紧张气氛，对求职者施加一定的心理压力，然后观察求职者在压力状况下的情绪变化以及所作出的反应
	优点	（1）压力面试可以帮助面试官了解求职者在未来的某种具有特定压力的工作环境中是否能够达成较好的绩效； （2）压力面试可以帮助组织辨别哪些求职者属于过于敏感或者压力承受能力较弱的人，从而在一开始就避免雇用这种无法承受压力的求职者
	缺点	（1）如果对压力面试掌控不好，面试就有可能因为过于具有侵犯性或者有违一般道德规范而受到质疑甚至被起诉； （2）在不需要采用压力面试时，就没有必要采用这种做法。 （3）如果采取压力面试，一定要让有该方面经验的面试官来组织面试

续表

类型	内容
电话面试	（1）在面试官和求职者之间的地理距离较远，双方到某个地方会面的交通成本比较高的情况下，或者出于某些特殊的原因，面试官和求职者见面有困难的情况下，通过电话进行面试就有其独特的优越性。 （2）在求职者一旦被录用，将来必须通过电话与客户进行频繁的沟通和交流的情况下，电话面试的做法还可以帮助组织考察求职者在电话中讲话的语气、语速等特点，是否符合组织对这种特殊职位的要求
视频面试	视频面试是指面试官和求职者利用即时通信软件和摄像头，实现可视化的在线语音沟通，从而使原来的电话面试变得更加形象

（四）面试的主要内容

一般来讲，面试的主要内容包括以下几方面。

1. 仪表风度

这是指求职者的体格外貌、穿着举止以及精神状态等。研究表明，仪表端正、衣着整洁、举止文明的人，一般做事有规律，注意自我约束，责任心强。

2. 求职动机

了解求职者为何希望来本单位工作，对哪种职位最感兴趣，在工作中追求什么，判断本单位所能提供的职位或工作条件能否满足其工作要求和期望。

3. 专业知识

了解求职者掌握专业知识的深度和广度，其专业知识是否符合所要录用职位的专业要求，也是对专业知识笔试的一种补充。此外，面试对专业知识的考查更具有灵活性和深度，所提问题也更接近空缺岗位对专业知识的需求。

4. 工作实践经验

面试官根据求职者的个人简历或求职登记表，了解求职者的工作经历，查询其过去工作的有关情况，以证实其所具有的实践经验和程度。通过了解工作经验和实践经验，还可以考察求职者的责任感、主动精神、思维能力、应变能力。

5. 工作态度

通过面试，一是了解求职者过去对工作、学习的态度；二是了解其对应聘职位的态度。

6. 事业进取心

事业心、进取心强的人，一般都有事业上的奋斗目标，并为之积极努力，表现在工作上兢兢业业，刻意追求，不安于现状，努力把工作做好，工作中常有创新。进取心不强或没有什么进取心的人，必然无所事事、安于现状、不求有功，但求能敷衍了事，因此对什么事都不热心，这样的人是难以做好本职工作的。

7. 口头表达力

面试中求职者能否将自己的思想、观点、意见或建议等顺畅地用语言表达出来，是面试官需要考查的一个方面。该项考查的具体内容包括表达的逻辑性、准确性、感染力等。

8. 综合分析能力

面试中求职者是否能对面试官所提的问题进行分析并抓住事物本质，并且说理透彻、分析全面、条理清晰。

9. 反应能力

反应能力，即头脑的机敏程度。面试时，求职者对面试官所提问题能否迅速、准确地理解并尽快做出相应回答，而且答案的简练、贴切程度反映出其机敏程度。

10. 自我控制能力与情绪稳定性

自我控制能力对管理人员来说尤为重要。一方面，拥有自我控制能力的管理人员，在遇到上级批评指责、工作有压力或是个人利益受到冲击时，能够克制、容忍、理智地对待，不会因情绪的波动而影响工作；另一方面通过对情绪稳定性的考查，可以测试求职者对工作的耐心程度和韧劲。

11. 人际交往能力

在面试中，通过询问求职者经常参与哪些社团活动，喜欢和什么类型的人打交道，有哪些人际交往倾向及与人相处的技巧等，可以得知其人际交往能力。

12. 兴趣与爱好

通过询问求职者休闲时间喜欢从事哪种活动，喜欢阅读哪些书籍以及喜欢什么样的电视节目，有什么样的爱好等，可以了解一个人的兴趣与关注点，这对录用后的职位安排同样也是有益的。

面试测评内容如表 4-4 所示。

表 4-4　面试测评内容

要素	观察内容	提问项目	评价要点	权重	得分
礼仪风度	（1）仪容、衣着； （2）行为、举止； （3）敲门、走路、坐姿等仪态； （4）口语		（1）穿着整齐得体，无明显失误； （2）沉着、稳重、大方； （3）走路、敲门、坐姿符合礼节； （4）口语文雅、礼貌		

续表

要素	观察内容	提问项目	评价要点	权重	得分
求职动机愿望		（1）你选择本公司的原因； （2）你选择本公司最重视什么； （3）你对本公司的了解； （4）你希望公司如何安排你的工作和待遇	（1）是否以企业发展为目标，兼顾个人利益； （2）回答完整、全面、适当； （3）有说服力		
表现力、语言表达能力	（1）将自己要表达的内容有条理且准确地传达给对方； （2）引用实例，遣词准确； （3）语气、发言合乎要求； （4）谈话时姿态表情合适	（1）谈谈你自己； （2）谈谈你的优缺点； （3）谈谈你的兴趣爱好； （4）根据自我分析最适合你的工作是什么	（1）谈话前后的连续性； （2）主题语言简洁明了； （3）有说服力； （4）遣词准确； （5）逻辑清楚		
社交能力和人际关系		（1）介绍你的家庭； （2）你的朋友如何看待你； （3）你希望在什么样的领导下工作； （4）你交朋友最注重什么； （5）你的同学一般如何评价你	（1）自我认识； （2）交往能力		
判断力、情绪稳定性	（1）准确判断面临的情况； （2）处理突发事件； （3）迅速回答对方的问题； （4）处理难堪问题的反映	（1）假如A公司与B公司同时录用了你，你将如何选择； （2）如果公司工作非常艰苦，你将如何对待； （3）你怎么连这种问题都听不懂； （4）你好像不太适合本公司的工作	（1）理解问题的准确性、迅速性； （2）自我判断能力； （3）是逻辑判断还是情感判断； （4）有自己独到的见解		

续表

要素	观察内容	提问项目	评价要点	权重	得分
行动与协调能力、工作经验	（1）对自己认定的事能够坚持进行；（2）工作节奏紧张、有序；（3）集团工作的适用性；（4）组织领导能力；（5）能够更多地从他人的角度解释问题	（1）你从事过何种勤工助学的工作；（2）你参加过何种组织活动；（3）你对××问题有过何种研究；（4）请谈谈你的论文写作过程	（1）表现力；（2）考虑对方处境的能力和理解力；（3）实践能力；（4）交往能力		
责任心、纪律性	（1）负责到底的精神；（2）对工作的坚持；（3）考虑问题全面；（4）对本职务的要求	（1）委托的任务无法完成时，你将如何处理；（2）对学校规章制度的看法	（1）自信力；（2）纪律力；（3）意志力		
个人性格品质	（1）有无不良的性格（狂妄或自卑）；（2）有无偏激的观点；（3）回答问题是否认真诚实；（4）掩饰性	（1）你认为现在社会中一个人最重要的品质是什么；（2）你能否"受人之托，终人之事"	（1）诚实真实；（2）人生观；（3）信用		
专业技能学识	（1）对专业知识的了解程度；（2）成绩；（3）对所要从事的工作的认识	（1）你为何选择你的专业；（2）介绍一下自己的成绩和擅长的科目；（3）你有何等特长，具备何种资格；（4）谈谈你从事这项工作的优势；（5）你有什么重要的工作经验	（1）专业是否符合工作要求；（2）有无特殊技能；（3）有无工作经验		
	面试结束后你的评价	经过上述面试，请你对自己的面试结果做初步的评价，并说明为什么	（1）综合全面评定；（2）尽量减少误差影响		
评价					

二、面试前的准备

（一）深入了解用人单位

应聘前，应该全面考察应聘单位的情况。了解应聘单位的大致情况，如工作性质、业务范围、行业特色及发展前景等，对你可应聘岗位的职责、条件、工作时间等也应有一个全面的了解。这不仅会决定你是否应聘，还可以使你在应聘后尽快适应工作环境。同时，你对应聘单位了解得越详细，招聘方就越觉得你愿意在这里工作，而且会认为你是一个善于思考、有心、有能力的人，会增加对你的好感。根据专家调查，如果毕业生对用人单位不熟悉，有75%的招聘者不会对其有好感。

拓展阅读

面试成功的原因

大学毕业那年，李颖和同学王芳、安娜在广州市区合租了一套房子，开始在人才市场寻找工作。

找工作无非就是竞争，同一个岗位用了你就不可能再用他。非常不幸的是，这样的竞争悄悄降临到了她们三个人身上。这天，王芳一回来，就兴奋地宣布："我发现了一个好职位，并且投了简历，通知我两周后去面试……"安娜不咸不淡地问："是位于城南的那家食品公司吧？"王芳愕然地说："你怎么知道的？"没等安娜回答，李颖抢先补充道："是应聘常驻广州地区的食品销售调查员是吧？月薪5 000元，没错吧？我和安娜也投了简历……"

月薪5 000元对这三个年轻人是很有诱惑力的，再加上她们都是学食品加工与销售专业的，从事食品销售调查员这个工作比较对口，所以她们三人约定：谁也不要轻言放弃，来一番公平竞争，看看谁能够最终胜出！

离面试还有一段时间，大家暗暗憋足了劲儿，开始全面准备。李颖熬了几个通宵，终于做出了一份自我感觉十分完美的销售调查方案。而安娜每天坚持去美容中心做美体修形，使自己变得更加美丽、精致，看来她要打青春牌，以自己的外貌冲击面试官的视觉。而王芳呢，好像隐形了一样，一声不响地在同伴眼前消失了好几天，最后又笑嘻嘻地出现在她们面前，就这样大家一起参加了食品公司的面试。

面试结果很快公布了：王芳从三十多位应聘者中脱颖而出，成为该公司常驻广州地区的食品销售调查员。李颖和安娜不明白自己与王芳的差距在哪里，去和面试官交流时，面试官微笑着解释说："其实你们和王芳所掌握的专业知识都是不相上下的，不同的是，在诸多的应聘者当中，只有王芳能听懂我所说的一些客家话。你们可能不知道，掌握一些地方语言，对做好食品销售调查工作是多么的重要……"

这时两个女孩才恍然大悟：王芳消失的那些日子原来是到外地学习客家话去了！

这次失败的应聘，使李颖和安娜明白了一个道理：在应聘前充分了解用人单位对人才的个性需求，绝不是无足轻重的功课。

HR 的工作笔记

上个月，我公司招一名总台文员，3 天时间收到 80 多份简历，可见竞争有多么激烈。我初步筛选了 40 份简历，并通知对方来公司面试。面试那天，一共来了 30 多位，初次面试后，又筛选出了 8 位，8 位候选人参加复试后最终确定了人选。这次的招聘和面试给我的感慨很深，因为，此次招聘总台文员没有工作经历方面的限制，所以求职者中的应届生特别多，占了 80% 以上。坦白地讲，都说应届生的工作不好找，其实我感觉真的跟大环境没有太大关系，主要原因还是在求职者自己身上。

感慨一：

我对每个求职者都问了两个问题：一是你知道这个岗位的具体要求有哪些吗？（答案就是公司挂在网上的招聘要求）；二是你认为你都具备这些条件了吗？说说你的理由。首先，对第一个问题，几乎没有一个应届生能答全。没有记住这个岗位的要求是什么，当然就不能回答第二个问题，也就不知道自己适合或者不适合。你来面试前有没有准备过呢？你重视这个岗位吗？引申开来，这里普遍存在一个问题，很多求职者对岗位的理解都是基于自己的想象，认为总台文员吧，不就是……是的，有一些岗位是具有共通性的，但具体到每个公司又有特性，这个特性才是关键。

忠告：

面试前基本的准备工作：准确把握应聘岗位在这个公司的要求，再仔细地跟自己比对，看看符不符合？自己的强项是什么？并且坦白自己的弱项，声明自己一定在业余时间学习提高，绝对不耽误工作。

感慨二：

总台文员的岗位要求里面有一条，"熟练掌握 Office 办公软件"。针对这一条，无法在简历中筛选，因为几乎每份简历都写了对电脑和办公软件操作熟练，有些还写上通过了计算机一级或者二级考试等。因此，在初试中有专门测试这一条的内容。其中有一道题目是这样的，在 Word 文档中，绘制一个招聘流程的图形，操作步骤如何？当时我记得只有两个人能准确回答。这个问题不难，不会的人回去打开电脑试验几次也能敲出来。我问了他们，你来面试前，有没有简单地温习过 Office 操作？普遍的回答是："没有，我不知道你们要做测试。我以为面试就是你问，我回答，很多单位都这样，没想到你们单位这么正规，还要做这个测试。"这样的回答显得很委屈很无辜。作为面试官，我感到无语，看来，很多公司的面试的确很随便，给求职者留下只是走走过场的印象。

忠告：

既然在简历中，你写了你掌握的知识和技能，尤其是你的强项，那么在面试前，一定要把这些温习一遍，就像去参加考试一样。这就是机会留给有准备的人的最好写照，准备过了，你还怕什么。

感慨三：

因为求职者几乎都说不全总台文员的岗位要求，我没办法按照计划的面试问题提问，所以换了问题。其中有一个问题我问得比较多，因为普遍回答得都不好，所以印象很深。

我问，说说你自己适合做总台文员的理由。这个问题基本上是有工作经验的人回答得比较好。很多求职者都没有紧扣岗位的特点进行回答，说了关于自己的很多优点，但很多跟这个岗位不相干。甚至有些人都不说自己外在的优势，很可惜。面试结束后，我给她们指了出来，有几个女生很高挑，也很漂亮，形象很好。我说你为什么不说呢？为什么不说自己形象和气质很好，总台文员作为公司的窗口，会给客人留下很好的印象？这点也是岗位要求（岗位要求中有一条是：形象好，懂基本礼仪），而且也是这个岗位的通用要求。她们听了比较羞涩，有一位应聘者说："这个你不是看到了吗，还需要我说？"我听了也挺感慨的，她们连面试的规则都没弄清楚。

忠告：

要懂得通过岗位要求去读取岗位信息。因此，每个求职者业余时间最好了解一些岗位分析的知识，准确把握岗位，并且善于从岗位要求中读取各类相关信息，这样在面试中才会游刃有余。

总之，作为HR，我对这次招聘感慨最多的就是很多人都不做面试前的准备工作。这让我觉得非常随便，不重视这个岗位。面试的命运很多时候掌握在自己手里，很多求职者可能也想做些准备工作，但不知道从哪些方面准备。

（二）充分准备面试材料

招聘者往往以询问求职者的有关情况作为面试的切入点。面试前准备一个简短的自我介绍稿是必要的。自我介绍要精简凝练、恰如其分，在有限的时间内，针对"客户"的需要，将自己最美好的一面毫无保留地表现出来。自我介绍要明确以下重点内容。

1. 自我认识

首先必须认清自我，一定要弄清楚三个问题：你现在是干什么的？你将来要干什么？你过去是干什么的？

第一个问题：你现在是干什么的？回答这个问题，要点是：你是你自己，不是别人。除非你把自己与别人区别开来，在共同点的基础上更强调不同点，否则你绝无可能在众多的应征求职者中夺魁。对于这一个问题，自我反省越深，自我鉴定就越成功。

第二个问题：你将来要干什么？如果你申请的是一份举足轻重的工作，雇主肯定很关注你对未来的自我设计。你的回答要具体、合理，并符合你现在的身份，要有一个更别致的风格。

第三个问题：你过去是干什么的？你的过去当然都在履历上已有反映。你在面试中再度回答这个问题时，不可忽略之处是：不要冒出一个与你的将来毫不关系的过去。如果你中途改行，那么就要在描述你的执着、就业目标的一贯性上下些功夫。要做到这一点，又要忠实于事实和本人，最简单的方法是：找到过去与将来的联系点，收集过去的资料，再按目标主次来排列。

用这样的方法，以现在为出发点，以将来为目标，以过去为证实，最重要的是加深了你的自我分析和理解。其实，在面试时不一定有机会或者有必要照搬你的准备材料，但这三个问题的内在联系点一定会体现在自我表述的整体感觉中，使你的形象栩栩如生。

2. 投其所好

清楚自己的强项后，便可以开始准备自我介绍的内容了，包括工作模式、优点、技能、突出成就、专业知识、学术背景等。只有短短一分钟，所以一切还是与面试单位有关为好。如果是一个计算机软件公司，应说些计算机软件的话题。但有一点必须谨记：话题所涉及之处，必须突出自己对该单位可以做出的贡献，如增加营业额、降低成本、发掘新市场等。

3. 铺排次序

内容的次序也极其重要，是否能抓住听众的注意力，全在于事件的编排方式。所以排在头等位置的，应是你最想让人记住的事情。而这些事情，一般都是你最得意的作品。与此同时，可呈上一些有关的作品或记录增加印象分。

（三）调整面试身心状态

拓展阅读

张小勇（化名）是某经贸大学的毕业生，他的求职意向首先是国际四大会计师事务所，经过层层筛选，他如愿进入安永的最后一轮面试，也就是要去见事务所的面试官。这对他来说是极大的鼓励，因为能在数千应聘者中见到合伙人已经实属不易。但是，在见面试官时，他特别紧张。面试时，他叫错了面试官的名字，紧张得手脚发颤。由于是英文面试，他重复一个英文单词数遍，唯恐对方听不清楚，直至那位面试官打断并说明，他已经明白了张同学的意思，他才明白该适可而止。最糟糕的是，他走时把包忘在了面试官的办公室里，后来又费尽周折才把包拿回来。结果可想而知，这家国际一流的会计公司在面试后将他拒之门外。

李江（化名）面试某集团总部时，面试官问他对求职单位了解多少。由于紧张，他脑袋里一片空白，原本看过的资料也忘在脑后了，难堪的半分钟过去后，他说道："我面试前看过相关的资料，但是现在忘记了。"面试官对他说："我们招人自然希望他能了解我们集团，你还是回去再多了解了解吧。"

从上面的案例中可以看出张小勇精神紧张，缺乏自信，失利在最后一个环节；李江由于过度紧张，导致大脑一片空白，回答不出面试官的常规问题。跟案例中的两位一样，很多求职者在面试时生怕出错，却屡屡出错，生怕面试不过关，却屡次失败。究其原因，怯场是一个很重要的因素。明明准备充分，自身条件也不错，但却因为面试时紧张不安导致发挥失常，最终落选。

到底应怎样克服面试紧张情绪？下面是一些参考建议，掌握其中，以弥补面试中的错误。

第一，认知平衡法。

面试没有捷径，如果说真的有捷径，那就是做好充分的准备。要解决过度紧张最有效、最实在的办法，就是充分准备，全面提高面试水平。绝不能有投机心理，找所谓的高手押题，准备越充分成功概率越大。从实力上认识到自己的能力，从而达到认知上的有备无患。

第二，心态平衡法。

求职面试竞争十分激烈，不仅是知识的比拼，也是心理的较量，更是意志力的磨炼。面试时的心态特别重要，求职者一定要记住：树立信心，不要紧张，放松身心。具体的实施过程应该是做到一高一低：士气上高——我肯定能够表现出色；目标上低——把成功概率降低，尽力而为，做好最坏的打算。要记住过程比结果更重要，参加面试权当锻炼自我。这样的话，求职者就能够丢掉包袱，轻松上阵。

第三，身心平衡法。

在面试这一关，身体放松也是一个重要的环节。科学表明，意念力能够影响人的现场表现。面试前，做几次深呼吸，慢慢吸气然后慢慢呼出，每当呼出的时候在心中默念"放松"。或者闭上眼睛去想象一些恬静美好的景物，如蓝色的海水、金黄色的沙滩、朵朵白云、高山流水等。

第四，语言平衡法。

在面试中，一般求职者会因紧张而使说话速度变快，而这又会加重紧张情绪，由此进入了一个恶性循环。如果放慢说话的速度，一则可以减轻紧张情绪，也为自己争取更多的思考时间，更重要的是可以让面试官仔细聆听你的话语，以便给面试官留下更深刻的印象。

克服紧张，建立自信，是面试成功的必备法宝。要做到自信，就必须知己知彼，对自己和用人单位都有客观的认识。求职应聘，是一个了解自己、了解用人单位，向用人单位展示自己能力与素质的面对面的接触。只有做好了充分的准备，才能用特色和真才实学为自己铺就成功之路。

三、面试的程序

面试是经过组织者精心组织设计，在特定场景下，以面试官对求职者面对面交谈与观察为主的手段，由表及里测评求职者的知识、能力、经验等有关素质的一种考试活动。为了使面试更加有效，面试会按照一定的程序进行。面试的一般程序包括准备阶段、实施阶段和总结阶段，求职者面试主要体现在实施阶段，具体程序如下。

（一）寒暄问候

寒暄、问候的主要话题有天气、一路的交通、办公室附近的建筑物（一定要事先弄清楚建筑物的英文怎么说）、时事以及近日的热门话题等。求职者千万不要忽视这些，它可是至关重要的开场白。所谓"前三分钟定终身"，即求职者给面试官的第一印象，从言谈举止到穿着打扮将直接影响求职者被录用的概率。

（二）公司简介

面试官会简明扼要地介绍一下公司的情况。

（三）告知程序

这时已开始进入正题。面试官或许会把面谈的整体程序和安排预先告知求职者，以消除紧张情绪。

（四）阅览简历

首先是确认环节。千万不要在简历里弄虚作假或夸大其词，否则很容易被当场戳穿；或者在面试官阅览简历后，请求职者做简单的自我介绍。

（五）主试提问

此环节为面试官根据简历或职位申请表中发现的疑点，拟聘岗位的岗位职责、能力要求等，采取灵活的提问方式和多样的形式交流信息，进一步观察和了解求职者，求职者的行为和反应，对所问的问题做出的答复等信息均为面试官的观察内容。

该环节随单位和岗位的不同而有很大差别，没有固定的形式、问题和答案，下面所列的只是常见的一些问题和回答的要点，可供参考。

1. 关于个人方面的问题

（1）请介绍一下你自己。

在面试前，用人单位大多都看过了毕业生的自荐材料，对一些基本情况已有所了解，所以在自我介绍时要简洁，应突出你应聘该公司的动机和具备什么样的素质可以满足对方的要求。

（2）你有什么优缺点？

充分介绍你的优点，但最好少用形容词，而用能够反映你优点的事实说话。说到缺点时，你可以从大学生普遍存在的弱点切入，如缺少社会经验等。但如果有不可隐瞒的缺陷，也不应该回避，比如曾经受过处分，应如实介绍，同时可以多谈一些现在的认识和后来改正的情况。

（3）你是否有出国、升学等打算？

很多毕业生在毕业时同时也会准备升学、就业和出国，计划是打算先找单位，如果升学或出国成功就与单位解约。从单位的角度来说，招聘毕业生需要时间和费用，而且签约一位毕业生就等于放弃了其他的应聘人员，所以在签约前首先确认毕业生是否升学或准备出国，毕业生应如实地表明态度，以免签约后产生不必要的纠纷。

2. 关于学业、经历方面的问题

（1）你对自己的学习成绩满意吗？

有的毕业生成绩比较好，这样的问题就很好回答，但对于那些成绩不太好的毕业生，可以表明自己的态度，并给予一个合适的理由，但不能找借口，如"老师教得不好"等，这样会显得你是推卸责任的人，同时最好突出一个自己好的方面，以免让人觉得你一无是处。

（2）你如何评价你的大学生活？

大学期间是职业生涯的准备期，可以强调你的学习、工作、生活态度和取得的成绩，以及大学生活对你的影响，也可以简要地提一些努力不够，正在提高的地方。

（3）你担任过什么职务或参加过什么活动？

可以介绍一下你的实习、社会调查、社团活动、勤工俭学等方面的情况以及取得的成绩。最好还能介绍你在这些活动中取得的实际工作经验及其对你今后工作的重要性，这些能说明你是一个善于学习的人。

3. 关于单位方面的问题

（1）你了解我们单位吗？

只要毕业生提前做些准备，从多种途径收集用人单位的信息，这样的问题就比较容易回答，如果答非所问或张口结舌，场面可能会很尴尬。

（2）你了解我们所招聘的岗位吗？

毕业生针对这样的问题可以从岗位职责和对求职者的要求两个方面谈起，很多毕业生在这样的问题面前手足无措，其实只要详细阅读单位的招聘信息就有答案了。

（3）你为什么应聘我们单位？

毕业生可以从该单位在行业中的地位、自己的兴趣、能力和未来的职业发展前景等角度回答此问题。

（4）你是否应聘过其他单位？

一般单位都能理解毕业生同时应聘几家单位的事实，所以此时可以如实回答，但最好能说明自己选择的次序。

4. 关于职业方面的问题

（1）你找工作时考虑的最重要的因素是什么？

可以结合你正在应聘的工作，侧重谈你的兴趣、你对取得事业上的成就的渴望、施展你的才能的可能性、未来的职业发展前景等方面。

（2）你认为你适合什么样的工作？

结合你的优势或者专业背景来回答，也许单位是结合未来的工作安排来提问，也许只是一般性地了解你对自己的评价，不要说不知道，也不要说什么都行。

（3）你如何规划你个人的职业生涯？

毕业生在求职前一定要对这样的问题有所考虑，并不仅仅是因为面试时可能被问到，对该问题的思考有助于为个人树立目标。

5. 其他问题

（1）假设某种突发情况，你会怎样做？

比如你是秘书，准备了 10 个人的会议室但来了 13 个人开会，你会如何处理等，以此考查求职者随机应变的能力。

（2）知识性的问题。

如果招聘岗位是技术性的岗位，在面试时很可能会问到与专业知识相关的问题，甚至直接出道题目让你解答。

（六）被试提问

在面试结束之前，面试官确定所有预设问题均已问完，会给求职者一个机会，询问求职者是否有问题要问，是否有加以补充和修正错误之处。

某招聘网站最近的一项在线调查显示：超过 97% 的面试官都会在面试的最后时刻问询：你还有什么问题要问吗？以人为鉴可知得失，面试结束前的最后一个问题求职者若能提问得有亮点、有水平，可能提高求职者面试的成功率。

求职者出于礼貌，起码应该问一个问题。此时若一言不发，会给对方造成两种印象，一是求职者对该企业没有多大兴趣，没有什么想问的情况；二是求职者没有能力提出好问题，这样面试官会认为求职者缺乏准备，对自己的职业发展缺乏规划。

当然，求职者此时"条件反射"式回答"没有问题"，或提出不在其位问其事，或在面试中过早提出薪酬要求等，会让面试官觉得反感，导致错失良机。

下面为求职者可以参考提出的几个问题。

（1）贵公司是否有正式或非正式的培训？

（2）贵公司的升迁渠道如何？

（3）贵公司对这项职务的期望目标是什么？有哪些部分是我可以努力的地方？

（4）贵公司强调的团队合作中，其他成员的素质和特点如何？

（5）贵公司在海内外都设有分公司，将来是否有外派、轮调的机会？

（6）在项目的执行分工上，是否有资深人员能够带领新进者，并让新进者有发挥能力的机会？

（7）能否为我介绍一下工作环境，或者是否有机会参观一下贵公司？

（8）贵公司是否鼓励在职进修，对于在职进修的补助如何？

（9）至于薪水待遇、年假天数、年终奖金、福利待遇等问题，有些面试官在面试时会直接向求职者做出说明，如果对方没有提及，对于找第一份工作的大学生而言，此类问题比较不适合提出，除非你有对方不得不录取你的条件。

四、面试中问答技巧

面试中，很多面试问题没有所谓标准答案，只有是否适合的区别——所以求职者准备的原则是从自己出发，核心是适合自己。在准备问题应对或者提问中一定要契合自己，包括回答方式、语气、语调和神情。如果在面试中求职者遭遇面试官提出的奇怪问题，这也许意味着自己得到了应聘单位的重视。

1. 思而后言，边思边言

面试虽然节奏紧凑，但是当面试官提出问题后，求职者还是要留点"空白"给自己思考，在应答、提问的过程中也要作思考状，即使当你听到某个问题后窃喜不已，因为这个问题在私下已经准备、演练过了，成竹在胸。求职者要记住自己是去参加面试的，不是去背答案的，要注意回答的方式方法。

2. 先表观点，后详论述

应答时，可以先抛出自己总的结论，然后对自己的观点做具体的展开。面试现场，有时一个问题需要从多方面、多角度进行回答，最好不要数字化，如"我从三个方面来谈一下……""因为下面五个原因，我觉得……"最好用"几"等，避免在紧张的情况下，不慎给自己挖下陷阱。

3. 端正态度，塑造形象

一般参加面试时，每个面试官都已经有求职者的一份简历。有个学生去参加面试，面试官问他："能介绍一下你自己吗？"学生理所当然地反问道："你不是有我的简历吗？"一句话就把面试官给堵住了。在面试中，尽量少用咄咄逼人的反问口气，并非所有的应聘单位都有专业的、经验丰富的面试官，有些面试官会用封闭式问题："你能不能……""你可不可以……"这时，求职者不能斩钉截铁地答"能""可以"等节约时间的回答，这样不但失去了推销自己的机会，同时也会给面试官留下不善沟通、态度傲慢的印象。

4. 自信应对，冷静应变

人在紧张时，说话可能就不在自己的控制范围内，会变得词不达意，如你上午九点去参加面试，进了面试房间，跟面试官问好："大家下午好……"说错话时大可不必泄气、懊恼或者心慌意乱，从而影响整个面试，可以真诚地致歉："对不起，我实在太珍惜这次机会了，所以非常紧张，变得好像不是自己了……"要确信真正客观、智慧的面试官深信相对于一个企业需要的人才而言，在一些无关原则的事情上说错话是一件微不足道的小事，尤其当求职者犯错后能够诚恳甚至幽默地加以化解时。所以求职者在准备面试时要设想一些突发状况，并为之准备应急方案，具体到一些补救的言语。此外，很多面试官问的问题也许是企业目前存在的或者未来需要解决的问题，求职者被问到的问题可能是面试官想看看"旁观者"的看法。在面试的过程中求职者要善于控制自己的情绪，美国心理学家尤利斯提出三条忠告："低声，慢语，挺胸。"

5. 秉持诚信，谦不自傲

知识是关键，做人是根本，在面试中秉着诚实的原则作答，知之为知之，遇到不懂或者是有难度的问题，就老实承认，不必不懂装懂，固执抵抗，只要注意表达方式，如"×经理，很抱歉，这个领域我真的还没有涉足过，但是谢谢你今天的提问给我提供了一个学习的方向，我回去会好好寻求答案，希望下次见面时，我的表现能够让你满意。"或者，"对不起，这个问题我不是很了解，但是我可以说说我的浅见……"这样的表现会让面试官觉得求职者踏实、谦虚、可靠。

五、面试后的准备

很多求职者非常注重面试前准备、面试进行环节，但是往往忽视面试结束后的跟进以及总结。面试结束并不意味着求职过程的结束，为加深面试官对自己的印象，给面试成功提高成功率，同时从也许会遭遇失败的面试中吸取经验，使自己成为"面霸"，求职者在面试结束后，还要注意以下环节。

1. 感谢信

感谢信的投寄是求职者富有责任感和感恩心的反映，尤其对于没有得到确定答复的求职者而言。面试结束后，无论成功与否，作为一个具备良好素养的求职者，都应该在第一时间（尽量在面试结束后的 24 小时内）发一封感谢信给所有参与对自己进行面试的人员：表示感谢并重申、强调自己对这份工作的向往和自己适合这份工作的优势、特色所在。每个公司在集中面试的阶段，一天下来接待的求职者非常多，情真意切、及时有效的感谢信可以充分唤起对方的记忆，并延长他们的记忆周期。美国管理学家艾德·布利斯将面试之后不写感谢信描述为"在工作面试中的十大错误之一"。求职者如果面试成功了，这封感谢信能够在上司或者同事中留下礼貌、专业、成熟的深刻印象；面试失败，虽然和这家公司毫无关系了，但是求职者仍然认真地完成这一环节，也许机遇就潜伏在其中。

（1）感谢。感谢信开头应介绍姓名、简单情况，以及面试时间（恢复对方的记忆），然后对其面试中的指导表示感谢。

（2）消除疑虑。面试中由于紧张，可能无法正常发挥，如语言不当，或者现场回答的问题不妥当，通过措辞良好的感谢信来予以解释和说明，进一步得到对方的信任。

（3）强调自己对这份工作的期待，希望建立长期关系。与求职信一样，感谢信要求内容简洁，尽量不要超过一页纸。

2. 不可贸然打听面试结果

面试结束后，不可贸然拨打电话询问面试情况，若是一周没有接到任何回信，此时，可以给用人单位打电话询问面试结果，以表示你对这份工作的关注，同时也能从用人单位的语气中推测出面试结果。

3. 分析总结

面试后的分析总结需要直面自己，坦诚自己在面试中的表现，从而积累经验，提高自己的面试能力。每次面试完后要问自己：

（1）面试过程中我所回答的哪些内容引起了面试官的兴趣或者肯定？

（2）面试官在哪些环节对我有所怀疑？

（3）我在自我介绍以及整个流程中是否充分表述了我适合目标岗位的资质、能力以及潜力？

（4）我在面试刚开始时是否因为太过紧张表达有些混乱，肢体显得僵硬？

（5）我表明自己对这份工作的期待，对公司文化和氛围的认同、热爱了吗？

（6）哪些问题让我在现场疲于应付？

（7）面试官给了我哪些建议？

（8）这是最出色的我吗？我推销自己了吗？

（9）如果下次还有面试，哪些地方是我要改进的？我应加强哪些方面的准备和练习？

六、面试禁忌

1. 忌迟到失约

迟到和失约是面试中的大忌，这种行为不但反映出求职者没有时间观念和责任感，更会令面试官觉得求职者对这份工作没有热忱，印象分自然大减。守时不但是美德，更是面试时必须做到的事。如因有要事迟到或缺席，一定要尽早打电话通知该公司，并预约另一个面试时间。另外，匆匆忙忙到公司，心情还未平静便要进行面试，自然表现也会大失水准。

2. 忌数落别人

切勿在面试时当着面试官数落现任或前任雇主、同事、同学、老师的不是。这样做不但得不到同情，反而会令人觉得你记仇、不念旧情和不懂得与别人相处，招致面试官的反感。

3. 忌说谎邀功

面试时说谎，伪造自己的所谓的辉煌历史，或将不属于自己的功劳据为己有，即使现在能瞒天过海，也难保谎言将来会有被揭穿的一日。因此，面试时应实话实说，可以扬长避短，但绝不能以谎话代替事实。

4. 忌准备不足

无论学历如何高、资历如何深、工作经验如何丰富，当面试官发现求职者对申请的职位知之不多，甚至连最基本的问题也回答不好时，印象分自然大打折扣。面试官不但会觉得求职者准备不足，甚至会认为他们根本无志于这方面的发展。因此，面试前应做好准备工作。

5. 忌多言寡语

虽说面试是推销自己，但是，切勿滔滔不绝、喋喋不休。面试官最怕求职者长篇大论，说个没完没了。面试时只需针对面试官提出的问题，重点回答。

与此相反，有些求职者十分害羞，不懂得把握机会表现自己，无论回答什么问题，答案往往只有一两句，甚至只回答"是、有、好、可以"等，这同样不可取。如果性格胆小害羞，则应多加练习，以做到谈吐自如。

6. 忌语气词多

使用太多"呢、啦、吧"等语气词或口头禅，会把面试官弄得心烦意乱。语气词或口头禅太多，会让面试官误以为求职者自信心和准备不足。

7. 忌欠缺目标

面试时，千万不要给面试官留下没有明确事业目标的印象。虽然一些求职者的其他条件不错，但无事业目标，就会缺少主动性和创造性，对企业贡献有限。面试官反倒情愿聘用一个各方面表现虽较逊色但具有事业目标和工作热忱的求职者。

拓展阅读

你为什么选择来我们公司？

王彦（化名）是某大学财会专业的应届毕业生，平时做事情比较有计划，这种性格让她在面试中也获得了优势。在一次面试中，王彦应聘的是培训助理的职位，HR问她："你为什么选择来我们公司？你对自己未来5年的职业规划是什么？"

这个问题实际上是考察求职者的求职动机，了解求职者对自己中长期职业发展的思考。此时你需要传递给HR的信息是：第一，你是有备而来的，求职投简历都是经过一番思考的，而不是海投盲投的结果。第二，展现自己的优势和专业技能，体现出自己是这份工作的不二人选。第三，你有自己清晰的职业规划，清楚地知道未来3~5年的计划和打算，是一个有计划的人，这向面试官表明了你是符合企业要求的稳定型员工。

王彦是这么回答的：虽然我学的是财会专业，但是我并不太喜欢，为了对自己有一个清晰的定位，我参加了系统的职业规划方面的培训。通过老师的指导，我知道如何找出自己的职业定位。我的表达能力很强，在大学时就获得过学校演讲和辩论赛的第一名。我从小就想着自己长大了要当一名老师，而且我喜欢站在讲台上的感觉。之前做了两年的会计工作，但是我一直不满意，因为我不喜欢每天重复着机械式的单一工作。经过职业规划专家的辅导，我发现自己还是更加适合往培训师方向发展，而我比较感兴趣的就是贵公司所处的行业，我希望可以在培训助理这个职位上静下心来好好工作，积累经验提高自己，将来在这个平台能够圆我的培训师梦想。

我希望从现在开始，能够在目前申请的这个职位上踏实地工作5年。通过不断的努力后，希望可以从培训助理提升到培训主管，最后的目标是成为培训经理甚至是行业内出色的培训专家。而贵公司在这个行业里举足轻重，其企业文化和工作氛围也比较适合我。希望我的加入可以给公司创造出更大的商业价值，同时我也希望自己能够通过在公司的锻炼进一步提升职业能力。

王彦同学真诚的表述和对自己明确的定位让HR觉得她是培训助理的合格人选，因为她充分表现出她对自己的职业定位以及发展路径是十分清晰的。而这是职业规划问题中很重要的部分，所以她能在数十个候选人中脱颖而出，顺利获得这份工作。如今半年多过去了，王彦按照自己当初设定的发展目标有条不紊地实施着。3个月后，公司进行绩效考核，她凭借优异的业绩很有可能被破格提拔为公司培训部的主管。她已经按照自己的职业规划顺利前进了。

工作起来勤勤恳恳的人，并不一定能找到好的工作；找到好工作的人，是那些对自己有清晰认识的人。所以，不管就业环境多恶劣，也不论面试中的提问如何复杂，你一定要有明确的职业定位和清晰的发展目标，掌握求职中的游戏规则，你会发现找工作其实很简单。

面试时，面试官所有的问题概括起来只有一个问题："我们为什么要聘用你？"而求职者所要给出的也永远只有一个答案："我就是你们需要的人！"对于毕业生而言，所有的技巧都只是过程中的一种手段，目标则是求职，或者为求职积累经验、开阔视野；对于企业而言，最好的未必是最合适的，最合适的才是最好的，毕业生在求职中就是要成为与企业具有高匹配度的最合适人选。

拓展阅读

1. 面试中的常见问题

（1）你能介绍一下自己吗？你怎样描述你自己？

（2）你为什么选择我们公司？（你为什么申请这份工作？）

（3）你能为我们贡献什么？（你能让我坚信你就是我们要找的人吗？为什么我们要录用你？）

（4）你最大的优势和劣势是什么？

（5）五年内你对你的职业生涯有何规划？（你的短期/长期目标是什么？）

（6）你有什么特长？可以现场为我们展示一下吗？

（7）你的业余爱好是什么？

(8) 你是应届毕业生，缺乏经验，如何与其他有工作经历的人竞争/如何胜任这份工作？（我们原来想找的是本科以上、具有三年以上工作经验的人，你能胜任吗？）

(9) 如果你的意见与上司不一致，怎么办？

(10) 你为什么还没有找到工作？

(11) 你参加过其他公司的面试吗？

(12) 你的大学经历如何帮助你准备你选择的职业生涯？

(13) 如果你被录用，有什么要求？

(14) 你喜欢独立工作还是团队工作？

(15) 如果我录用你，你将怎样开展这份工作？

(16) 你最崇拜谁？

(17) 谈谈你的一次失败经历。

(18) 你是一个有开拓精神的人吗？（你是有创造力的人吗？你是个勤奋的人吗？）

(19) 你喜欢在外企还是国内的公司工作？（大公司和小公司，你更钟情哪个工作环境？）

(20) 大学期间担任过什么职务？你是如何开展你的工作的？你觉得学历和工作经验哪个更重要？

(21) 看你的简历，大学时期你的学习成绩并不怎么好，怎么评价你的大学生活？（你在大学期间工作经历这方面似乎比较欠缺，大学三年你是怎么度过的/你对你的大学生活有过什么规划？看你的简历，你获得过多次奖学金，但是工作经历这一栏就没有多少实绩，会不会被人误会为"书呆子"？）

(22) 你在大学期间获得过哪些证书？

(23) 你应聘的岗位与你的专业并不相符，你认为自己能胜任吗？

(24) 你读过哪些书？哪本书对你影响最大？

(25) 你为什么选择现在的学校和专业？

(26) 你看过哪些电影？哪部电影对你触动最大？

(27) 在你大学期间的工作经历中，最大的成就是什么？

(28) 如果你是主考官，你在选拔人才时注重哪些方面？

(29) 对这项工作，你有哪些预见的困难？

(30) 作为一名管理者，你认为最艰难的任务是什么？

(31) 如果你被录用，将从公司最基层的学徒工开始做起，你能坚持下去吗？

(32) 你希望在什么样的上司手下干活？（你希望与什么样的同事共事？）

(33) 薪酬方面，你有什么要求？你对工作地点有什么要求吗？你愿意出差吗？（这份工作刚开始薪水并不高，你能坚持你的选择吗？薪水和发展，哪个对你更重要？）

(34) 对不起，这个岗位需要耐心、细致，我们更倾向于女性来应聘，在招聘启事上你应该看到我们对应聘人员的要求。对不起，这个岗位对人的体力要求比较高，我们更倾向于男性来应聘，在招聘启事上你该看到我们对应聘人员的要求。

(35) 你在最后一个学期的实习单位换了三家，为什么频繁更换实习单位？
(36) 你在××单位实习了半年，为什么没有考虑在该单位留下来工作？
(37) 你在实习期间最大的收获是什么？
(38) 如果有两家单位同时录用你，你将如何选择？
(39) 你在多长时间内可以对工作做出贡献/产生价值？
(40) 毕业后为什么不马上工作？
(41) 如果你的上司和你的同事在工作上发生矛盾，你站在哪一边？
(42) 以你的能力来应聘这份工作也许会大材小用。
(43) 你如何评价你之前的实习单位？
(44) 工作之后，你打算继续深造吗？
(45) 你对单位有什么建议吗？
(46) 请你谈一下大学期间有没有与工作相关的社会活动经历。
(47) 对于我们公司，你知道哪些情况？
(48) 高职院校的学生更偏重技能，这个管理岗位你能胜任吗？
(49) 大学三年，你在技能和能力的发展上是如何规划的？
(50) 大学期间的工作经历中，你曾经遇到的最大问题是什么？你是怎么处理的？

2. 可以提出的问题

(1) 不知道贵公司认为我还需要在哪方面多做努力，更好地满足你们的职位需求？
(2) 贵公司是如何评价员工的？对理想员工的定义是什么？
(3) 您怎样定义您的管理风格？
(4) 公司对员工有什么样的期望？
(5) 您更欣赏下属用什么方式与您沟通？
(6) 如果我来贵公司上班，上岗前要参加哪些培训？
(7) 贵公司是否鼓励员工在职进修？对于在职进修的补助具体是怎样的？
(8) 这份工作目前面临的最大挑战是什么？
(9) 为什么这个职位被空缺出来了？以前在这个岗位上的员工有什么样的发展？
(10) 贵公司在人事和预算方面对这个工作有什么支持？

第三节 职业礼仪

罗伯特·庞德曾经说过，"这是一个两分钟的世界，你只有一分钟展示给人们你是谁，另一分钟让他们喜欢你。"第一印象在面试中确实起着决定性的作用，面试礼仪对求职者第一印象的成功树立则至关重要。礼仪反映一个人的精神面貌，也体现一个人的文化教养。

无数细节的得体构成了一个人典雅的礼仪，同时体现出个人风格。尊重为本，掌握平衡，是礼仪的基本理念，据有关专家分析，在给人的印象中各种感官刺激所占的百分比是：视觉印象占75%，谈吐印象占16%，味觉印象占3%，嗅觉印象占3%，触觉印象占3%。在面试中，掌握面试礼仪，会让求职者成功"晋级"——顺利上岸。

一、求职礼仪

礼仪是人际交往互动中的润滑剂，是人与人和谐相处的重要保障。良好的礼仪有助于提高人们的自身修养，塑造良好的个人形象，促进人们的社会交往，改善人们的人际关系。当前，面对越来越频繁的人才流动、越来越大的求职竞争压力，怎样找到一份适合自己的工作，成为困扰很多求职者的问题。要想成功应聘自己心仪的职位，无疑需要自身具有过硬的专业知识和良好的发展潜力。而良好的个人修养也是大学毕业生在众多求职者中脱颖而出、拔得头筹的重要影响因素。在众多条件优秀、能力相差不大的求职者中，招聘者往往会将选择的天平倾向于那些言谈举止更为得体、恰当的求职者。

求职礼仪是礼仪的一种，是在求职过程中，通过一定的程序和方式来表现自己的律己与敬人的礼仪。求职礼仪主要包括核心层面的思想系统、技能层面的行为系统和表层层面的外在系统三个部分。

礼仪的思想系统是指：任何礼仪最基本的原则是对他人的尊敬和关注。

礼仪的行为系统是指：人际交往过程中的沟通技巧及行为方式等。

礼仪的外在系统是指：个人仪表、仪态、服饰等的直接表现。

这三者是由内向外紧密联系的一个整体。思想是核心，是行为和外在的原动力、出发点；行为则提供能力上的支持，具有动态性和发展性，外在是思想和行为的表现。

求职礼仪具有社会性和功能性的双重属性。一方面，求职礼仪是自我修养的体现，体现对他人的尊重，即求职礼仪的社会属性；另一方面，求职礼仪还具有求得他人接纳的功能属性。

求职中面试的过程，是求职礼仪发挥的重要舞台。在这个舞台上，扮演求职者的一方，一定要把握求职礼仪的分寸，既不可狂妄自大、目中无人，也不可唯唯诺诺、过分谨慎。恰到好处地应用求职礼仪才是应聘成功的保障。

二、面试礼仪

面试是面试官与求职者面对面的接触，求职者必须懂得礼仪的重要性，求职者的礼仪表现直接影响面试官对其印象的好坏，进而决定是否录用。

（一）准时达到指定地点

准时赶到指定地点参加面试，这是最基本的礼仪。准时关系到用人单位对求职者的第一印象，求职者参加面试时，最好提前15分钟到达现场，这样既不失礼貌，又可以平复情绪，稍做准备，避免手忙脚乱、仓促上阵。若求职者对面试地点不熟悉，应事先将交通路线中可能出现的不利因素考虑在内，如堵车等。早点出发，以保证万无一失。如果临时发生了不可抗拒的意外情况，导致不能按时参加面试，也应及时告诉用人单位并表示歉意，争取用人单位的谅解和补试的机会。

（二）候考注重言谈举止

求职者在候考期间，可翻阅面试资料，在脑海中练习面试流程，或与其他候考者轻声交谈，但不宜播放手机视频，或高声谈论、大声喧哗、翻阅公司资料等。

（三）轻声敲门入面试室

面试时，应先在面试室外轻轻敲门（面试室的门一般是关着的），得到许可后方可进入面试室。注意敲门时不可用力太大，也不可未进门时先将头伸进去张望，更不可直接推门而入。进门后，应轻轻地转过身关上门。

（四）大方问好有礼貌

进入面试之后，求职者面临的第一个问题就是与面试官打招呼，真正的面试就从此刻开始，求职者应当立即进入角色，进入面试室后可对面试官微笑点头，也可以进行问候，如上午好、下午好、各位领导好等，要有礼貌地告诉面试官，自己是谁（国家公务员招录、企事业单位招聘等面试不能泄露个人信息），做到举止大方、态度热情。需要注意的是，面试时不宜直接与面试官握手，除非面试官主动伸手。

（五）微笑待人显态度

微笑，表示欣赏对方的盛情，表示领略、歉意和赞同。面对面试官，求职者的微笑可以缓解紧张情绪，使双方的心理距离迅速缩短。面试时面带微笑，有利于提高面试成功率。

（六）用心倾听易答题

面试时，回答问题要集中精神，力求给对方留下诚恳、沉稳、自信的印象，根据面试官的反应，适时调整自己的语言表达方式，表示并且保持不卑不亢的态度。

谈吐方面，谈话的内容和说话的方式同等重要，说话要和蔼可亲，不要随意打断对方，必要时先道歉再说话；同时要注意讲话时应当条理清楚，并通过表情、语调、声音等方面的配合，传达出真诚、乐观、热情大方的态度，以收到良好的效果。

成功的面试

小贝大学时就听许多师哥师姐感叹就业不容易，所以毕业前就投了很多简历，可都石沉大海，没有结果。后来好不容易盼来两家面试机会，自己明明感觉不错，条件也适合应聘的岗位，可就是没通过。小贝想了好长时间都没发现问题所在，经学校就业中心的于老师指点迷津后，小贝才知道面试也有很多学问，面试礼仪、面试策略等都很重要，这些都是小贝从没有考虑过的。在于老师的指导和帮助下，小贝再次面试时心中有了底，心态也非常好，信心十足、面带微笑、语气和缓、应对自如，不但顺利通过面试，还得到面试官赞许的眼光。后来小贝顺利进入了这家著名的外资公司，在同学中最先找到了适合自己的工作。当初负责招聘的人成了她的同事，并告诉她，正是因为小贝面试礼仪做得比较周全，才给她留下良好的印象，这是她面试成功的重要因素。

三、仪容礼仪

所谓"相由心生"，毕业生去求职时，要对自己进行一定的修饰，这是最基本的面试礼仪。

（一）头发

前发不覆额、侧发不掩耳、后发不及领，女生如果是长发，尽量盘、扎起来，或者梳理成其他不会造成自己和他人困扰的发型，看上去清爽干练；切忌有头皮屑，最好在面试前一天或者当天清洗；染发禁忌，尤其不要选择非常夸张的颜色，即使是去应聘发型师的岗位；发型选择适合自己的，去面试时，最好略做造型，有自然光泽的头发会显得健康、有朝气，但是不要使用气味严重的美发产品。

（二）面部

鼻毛应剪短，男士胡须要剃净。在正式场合，应养成化妆的习惯。化妆既可以掩饰自己肤色、面容的不足，又能得到他人对自己的肯定和悦纳，是对他人的礼貌和尊重。

1. 妆容体现行业特征

女性面试时的妆容一般分为两种类型。

清爽型的面试妆，主要适合应聘秘书、会计、前台接待等基础行政事务工作的女性求职者，重点在简单地表现出怡人好气色，给人清新、自然的好印象。

亲切活力面试妆，比较适合应聘资讯业、传媒业、客服等职业的女性求职者，重点在于表现出求职者亲切、温暖的一面，很容易拉近与同事的距离，也不至于太过幼稚。可用自然色粉底液做底妆，用珠光蜜粉定妆，选用桃红色腮红，用单色眼影给眼部打亮。

2. 切忌浓妆艳抹

最高明的化妆术，是经过非常考究的化妆，却让人家看起来好像没有化过妆一样，这样化出来的妆与化妆者的身份匹配，能自然表现化妆者的个性与气质。化妆时应尽量选择光线明亮的地方。

3. 务求自然

粉底的颜色尽量贴近自己的肤色，并选择薄、透或者带一点点亮光的产品，如果肤色确实太差，肤质存在问题，可选用底妆、遮瑕、定妆三效合一的粉条。腮红要以能够与肤色搭配融合为原则，呈现出健康红润的面容，不要显得太突兀。要注意脸部和脖子的颜色统一，避免两极化。化妆时还要考虑和当天的服饰款式、颜色相搭配。

4. 化妆的时间要掌握好

妆容的保持有一定的时效性，要充分考虑到阳光、食物、汗水、时间等因素的影响，自己要做好补妆的准备（化妆要避人，去化妆间而不是在公共场所众目睽睽之下），否则会弄巧成拙。

（三）手部

手是人体中活动最多的部位之一，也常常是人们目光的焦点，无法藏住秘密。保持手部的清洁，将指甲修剪平整、长短合宜，女生可适当选择透明、淡粉等亮色指甲油，忌留长指甲、涂深色甚至五彩缤纷的指甲油。求职者不要让招聘者误会自己对指甲的兴趣和重视远远大于面试。

（四）首饰

除手表外，可适当搭配首饰，但要符合身份，以少为佳，如果要戴两种或两种以上的首饰时，要同质同色，避免珠光宝气、环佩叮当。

四、仪态礼仪

体态语言学大师伯德惠斯·戴尔的研究成果表明，在两人之间的沟通过程中，65%的信息是通过体态语言来表达的。人的气质、气场和形体姿势分不开，避免因为自己的拘谨、紧张而使面试变成被审现场。

（一）坐姿

面试时，一般大部分时间是坐着的，所以坐姿尤为重要。

（1）入座轻、缓、紧；落座，人体重心垂直向下，上身正直，头肩平正，女生若着裙装，落座时用手理一下裙边，把裙子后片向前拢一下；落座后不宜坐满座位；手提包放在背部与椅子靠背之间；手自然放在膝盖或者椅子扶手上。

（2）男生入座时膝部可以分开点，两膝间的距离以一拳或两圈为宜，但不要超过肩宽，不能两腿叉开，半躺在椅子里；女生无论穿裙装还是裤子，入座时膝盖一定要并起来，可略微侧坐。

（3）忌：身体抖动或双腿晃动，给人以漫不经心或没教养的感觉；跷起二郎腿；双手交叉抱在胸前，有消极和过分自我保护之嫌；头向后仰靠，半躺在椅子上；猛起猛坐；弯胸曲背。

（二）站姿

（1）男生站立，要体现出刚毅洒脱，双脚可微张开，但不要超过肩宽，站立时双手自然下垂；女士站立，要体现出优美、高雅，双脚成"V"形，双手放在腹前。

（2）与人交谈时要注意站向，面向对方，以示尊重。

（3）站立时，挺胸、收腹、平肩、直颈，略微收臀，两眼平视，予人自信。

（4）忌：双腿交叉站立；手叉腰；手插衣袋或裤袋。

（三）走姿

走姿是站姿的延续动作，是在站姿基础上展示人的动态美，最能体现一个人的动态与活力。

（1）目光平视，上身挺拔，腰肢放松，双臂自然下垂，掌心向内，以身体为中心前后摆动。

（2）男生步伐有力、稳健；女生步履轻盈、文雅。

（3）忌：拖脚走；全身晃动。

（四）目光

美国服务业有一句经典的话，"眼睛对眼睛"。专注、柔和、平静的眼神，有亲和力而不失坚定，有洞察力而不具侵略性，本身就是实力、自信、风采的体现。反之，眼睛飘忽不定，或者东张西望，给人传递的信息则是缺乏自信、满不在乎，这样的求职者无法获取招聘者的信任，多遭淘汰。在人际沟通中，眼睛的确是心灵的窗户，打开它，启用它，才能让双方敞开彼此、悦纳彼此。

（1）目光平视对方，表示认真倾听。面试时面试官不止一人时，除了关注提问的面试官，也要兼顾旁边的面试官，以显示出求职者的周全、教养、成熟。

（2）目光的许可空间上至额头，下至上衣第二粒纽扣（胸以上）；多数时候将目光集中在对方眼睛与鼻子之间的三角位置。

（3）如果眼睛患有疾病，如干眼症或者结膜严重充血者，可在面试开始与面试官真诚说明，取得对方谅解。

（4）忌：目光游移不定；频繁眨眼；盯着对方。

（五）微笑

世界名模辛迪·克劳馥曾说过，"女人若出门忘了化妆，最好的补救方法便是亮出你的微笑。"求职者去面试时，从走进公司的第一分钟起，无论遇到什么样的情况，都要保持自然、适度、得体、大方的微笑。对于求职者而言，面试中简单、易行、免费并且无往不胜的通行证就是微笑，这也是人际交往的润滑剂。在面试中，保持微笑，会起到以下作用：①表现心境良好；②表现充满自信；③表现真诚友善；④表现乐业敬业。

（六）握手

（1）从礼仪的角度而言，一般尊者、女士先伸手，所以当面试官主动伸手示意与你握手时，出手要快，避免自己失礼、对方尴尬，但是不要贸然主动握手。

（2）距离受礼者约一步，伸出右手，掌心向着一侧，两足立正，轻握对方的手指1～3秒。平等而自然的握手姿势是两人的手掌都处于垂直状态，精神集中，身体略微前倾，面带笑容，目光平视对方，热情、大方。

（3）握手时忌左顾右盼，或看着第三者，心不在焉，漫不经心地敷衍应付对方。

（4）不可交叉握手，从别人两手之上，伸手与对面的人握手。

（5）在面试室内握手不能戴着帽子或者手套，不能一只手插在口袋里，但也不必点头哈腰与人握手。

（6）与数位面试官握手时，握手时间大体相同，如果面试官有座位牌或者知道对方的称呼、职衔，可一边称呼对方表示感谢一边与之握手。

（七）进出考室

（1）进门时，无论门处于关闭、虚掩、敞开的任何状态，都要养成敲门的习惯。径直推门而进，易给人鲁莽、无礼的印象。

（2）注意敲门的轻重和速率。正确的敲门方式是用右手背的手指关节轻轻地敲三下，问一声："请问我可以进来吗？"待听到回应允许后再轻轻推门而进。

（3）进入面试场所后，进门后不要用后背随便将门关上，应转身正对着门，用手将门合上，动作轻巧。

（4）面试结束，同样要和面试官行注目礼，说声"谢谢贵公司/大家给我这次机会，再见"，并将椅子放回原处；如果应聘单位给求职者泡有茶水，临走时要带走扔到垃圾桶。记得轻声关门，如果不小心被风或者失手关重，要及时回头开门解释，避免被人误会你欠缺修养，或者有情绪。

（5）女生如果穿高跟鞋，并且鞋跟击地声音较大，进出房间时要讲究走路技巧，尽量避免因发出噪声而对面试官的工作造成干扰。

（八）电话礼仪

当用人单位来电了解信息或者通知面试的相关事项时，毕业生的职场考试已经开始所有的声音都是有表情的，并且伴随肢体动作——接听、拨打电话时求职者都要牢记这点。在求职期间，可以把自己的简历放在触手可及的地方，方便自己通话时随时参考，同时保证个人信息的一贯性。

（1）接听电话。接听及时，电话铃响后应尽量在2~3声内接听（如果漏接，应该拨通后向对方解释清楚）；应对得当的做法首先是问候对方再介绍自己，规范的电话应对不仅是对对方尊重的体现，而且是高效率的体现；认真倾听，及时记录，如果有不明白的务必问清楚。

（2）拨打电话。主动拨打电话欲了解面试的相关情况时，最好能找到应聘单位具体联络人的姓名、职位等；注意拨打电话的时间：通话时间一般不选择周一上午或者周五下班前1~2小时，不到万不得已不要占用对方的私人时间；打到国外时，要注意时差；提前准备好打电话的内容：职位要求、招聘流程、面试时间，以及符合职位需要具备的技能和条件、能力，求职者打电话前务必先拟好提纲，根据腹稿或者文字直截了当地通话。

（3）终止通话。要控制好通话时间，结束通话时，要礼貌地请对方先挂电话。

（4）通话时尽量选择安静、免受打扰的环境，保证信息传递无误，如果接听电话时刚好处于喧哗、嘈杂或者不便接电话的场景，可以采取缓兵之策，礼貌地恳请对方原谅，换到安静的地方后再回拨过去。

（5）注意通话时的姿态。通话时保持微笑，语调适合、语速适中，亲切、自然，让声音充满生命力、表现力；尽量保持站立的姿势，这对语音、语调和声音质量都有所帮助。

（6）参加面试时，求职者要提前将移动电话设置到静音或者飞行模式，切忌在面试场所电话响起，那时所有的理由都是借口。

（7）如果你所应聘的单位是比较严肃的行政单位，在求职期间，尽量将手机彩铃取消，或者避免使用一些颇具个性的彩铃。

（九）聆听礼仪

最好的沟通方式是——在表达，也在倾听。倾听，是沟通中的一项美德。面试过程中，面试官要做的是"问""听""察""析""判"，求职者要做的则是"听""答""察""问""析""判"——听的是面试官的问题，答的是答案，察的是面试官的表情，问的是未来发展情况等，析的是面试官的心理，判的是面试进程的结果。求职者在面试过程中不要一味地套话，好的沟通建立在"聆听"的基础上，只有听好了、听清楚了问题才能答好。

（1）认真聆听面试官的每一句话，记住对方说话的重点，了解说话者的意图或者希望所在。

（2）用眼睛注视对方，并不是所有的话都是用声音传达出来的，聆听时自然流露出的敬意和真诚，具有静默的力量美，是一个人有教养、懂礼仪的表现。

（3）聆听时的姿态，身体微微倾向说话者，用目光注视说话者，保持会意的微笑，不时点头表示关注和同意对方的观点。

（4）根据对方所讲的话题，巧妙地通过应答，把对方讲话的内容引向自己所需的方向和层次。

（5）客观地倾听，带着开放的、不带偏见的思想倾听，即使说话者的谈话内容确实无聊、空洞，在面试中也要扭转自己的想法，必须尊重对方说话的权利。

（十）气味

一般情况下，求职者和面试官的距离会使双方对对方的气味都比较敏感，所以身上切忌有怪味。

（1）面试前最好洗澡，既可以避免汗味（或减淡其他味道），还可以使你看上去神采奕奕。

（2）抽烟的人当天最好不要抽烟。

（3）面试前忌食大蒜、洋葱等有刺激性味道的食物，也不要喝酒，饭后漱口或刷牙，随身携带口香糖或漱口水。

（4）如果要擦香水，需提前两三个小时擦，可擦在耳后、手肘内侧、手腕、胸前及膝盖内侧（香水切不要喷在腋下）少许，最好使用气味清淡、气质含蓄的淡香水。

（十一）面试禁忌

当着人挖耳朵、擦眼屎、剔牙缝、擦鼻子、打喷嚏、用力清喉咙等，都是不雅的小动作。喷嚏如果没有控制住，应立即说声对不起；平常被视为可爱，而俏皮的扮鬼脸等小动作在面试中也会显得不雅，为了掩饰内心的紧张、无措，抓头皮、弄头发、搔痒痒这些小动作也要克服；如果茶水招待用的是一次性杯子，离开时要带走，扔到垃圾箱里；在面试中，即使等待面试时，也不要嚼口香糖、抽烟等。

五、着装礼仪

着装在面试中的重要性不言而喻。有一位毕业生去面试，西装革履、一丝不苟。面试快要结束时，总经理对他说："一般软件开发行业的人穿着是比较随意的，我们公司也不例外，你完全不必要这么正规。"那位毕业生欠了欠身，回答说："你们还没聘用我，所以现在您还是我的面试官，我必须尊重您，尊重我的这次面试机会。"老总非常满意，当场就录用了他。

面试中，一般建议着正装。男生着西装、衬衣，女生着素色套装，全身颜色尽量控制在三种之内，深色外套，浅色衬衣，皮鞋、拎包和皮带尽量一色。穿西装要注意一些基本的规范，如衬衣领口和袖子要略长于外套1~1.5厘米，裤子的长度要以刚刚盖住鞋面正中为宜；上衣口袋除了钢笔之外，不要塞其他东西，否则会破坏整体美；如果戴领带，注意要与服饰整体协调，长度在皮带上沿1~1.5厘米；有些男生非常喜欢把钱包放在裤子后面的口袋里，在面试中要避免这种做法。

毕业生求职时，穿正装并不要求追求名牌、名贵的高档服装，关键是要整洁、挺括。

求职者在着装上应尽量避免出现以下这些失误。

（1）男生穿西装时，深色衣服和皮鞋配着浅色袜子，袜子过短。袜子的颜色、款式要和西服相配，选择蓝、黑、深灰或者深棕色的棉质袜子，袜筒最好到小腿中部，以免坐下来时露出小腿。袜子要有足够的弹性，使它们不至于从腿上滑下或缩成一团。

（2）浅色衬衣里穿着深色贴身内衣。内衣的颜色选择要合适，如果是寒冷时节，着长袖内衣，要注意内衣袖口、领口不能暴露于人的视线中。

（3）男生着西装时内配短袖衬衣。如果要穿西装参加面试，必须内搭长袖衬衣。

（4）衬衫放在西裤外，领子太大，领脖间存在空隙。

（5）男生腰上皮带掉漆，或者悬挂钥匙等。

（6）女生去面试时光腿，或者丝袜有刮破迹象（最好随身携带一双丝袜，以防万一）。

（7）穿着拖鞋。面试是一个正式的社交场合，求职者必须尊重招聘者，穿正装是得体、有礼的举止。

（8）皮鞋脏、脱漆。"千里之行，始于足下"，不要忽视一双鞋子的魅力。注意鞋面保持光亮，鞋跟要结实，系带的皮鞋一定要检查鞋带是否干净和系紧。

（9）衣服皱巴巴，领口、袖口脏，衣服上有油渍，衣袋、裤袋内鼓囊囊。

（10）女生穿着太紧、太透或者太露的服装。面试场合不同于日常或者晚宴场合，不要穿太短或者性感的衣服，以免给人轻佻之感。

六、"TOP"原则

"TOP"分别指 Time（时间）、Occasion（场所）、Persons（人物）。

（一）时间和场所

在所有的场合中，迟到、没有时间观念最让人无法原谅和容忍。对求职者来说，没有任何迟到的理由，如果迟到，其后果非常严重，很可能意味着你失去了一次机会。求职者对守时切不可掉以轻心，一定要重承诺、守信誉，如果突然发生了不可抗力的意外事件不能按时赴约或者不能参加，要及时告诉用人单位并表达自己的歉意。接到面试通知，在确定时间和地点之后，查好交通路线，以免面试迟到；明确乘车路线，并要留出充裕的时间去乘车，如对交通不熟悉，最好提前导航路线。条件许可的话，最好的办法是提前一天前往面试地点，不仅可以预测时间、路况，还可以让自己对环境多一份把握。

（二）人物

进入面试现场后，首先要做的是与面试官打招呼问好，所以在接到面试通知时，最好能获得面试官的姓名，或者到达目的地后，询问接待人员。有些应聘单位会在面试现场摆放面试官的座位牌。可尊称对方的姓氏及职务，如果对方职务是副职，一般略去"副"字，以正职相称，社交场合中，称呼就高不就低；面对职务较低或者不知道职务的面试官，大学生在求职时可以礼貌称呼其为"老师"。此外，知道面试官的名字不仅仅是为了打招呼或者在告别时使用，最重要的是面试过程中由于不断重复，无形之中会帮助你拉近与他们和应聘单位的距离，并赢得他们更多的关注和兴趣。如当对方提出一个问题时，你在回答之前首先带上尊称，"谢谢陈总的提问，我认为……""是的，金部长，我想……"当现场有人肯定或者夸奖你时，你微笑表达，"谢谢丁主任！"如果是团体面试，根据面试官的职务有时可以清楚地知道他是否为能当场做出录用决定的人，对求职者来说，每一个时刻都潜藏着机遇。

某公司人力资源部经理曾经说过："第一印象很重要。我自然喜欢那些给我第一印象好的人，这意味着他们对这个职位感兴趣，希望给我留下好印象。我要找那些衣着得体、语言良好、充满自信而不盲目自大的人。前10秒钟非常重要——问候和握手。如果做错了，你就不得不在面试的其他环节和时间内弥补回来。"面试过程中，求职者言行中的每一个细枝末节，都会成为面试官是否录取求职者的重要参照依据。当然，最好的仪态是不可能在短时间内练就的，所以，即使不是面试时期，也要注重修身——因为利器总是愈磨愈光。

面试专家对大学生的忠告

（1）如果把求职比喻成一次赛跑，那么第一次面试就是起点。任何一个想取胜的人都必须做好充分的准备。虽然各用人单位对求职者的要求都是不同的。但有一点可以肯定——多做调查研究，事先精心准备，放松地去面对，提高应变能力，就能在面试中给用人单位留下一个良好的印象。许多学生提出的问题并不是很合适，因为我只关心他能为公司做出什么贡献。刚走出校门的学生并不了解这一点，他们应该知道我们更看重他们的贡献，而不是他们的要求。但是刚毕业的学生身上也有很多优点，那就是朝气蓬勃，因为他们想大显身手，尽快成就一番事业。但是我想提醒他们的是，我们需要的是能够听从召唤、随叫随到的人。至于他们是否了解我们的公司，这都无关紧要。我们用很多时间询问参加面试的人，问他们想干什么工作，他们应该在面试前就对这一问题进行过充分的准备。我不想听那些"贵公司很出色"之类的话，因为我对此毫不怀疑。如果他们需要了解一些情况来帮助他们做出决定，尽可以直接提出来。他们也应该多问问主考官还有什么问题和需要，同时不要在简历中弄虚作假。如果应聘者在面试环节中无意地吹了牛，应该尽快意识到这样做是不妥的行为，并重新回答有关问题。如果回答不当或是犯了错误，应及时加以更正,而不要在写感谢信时才提出来。贬低其他公司对自己是不会有任何帮助的。我们需要那些真正能为公司做出贡献并与公司兴衰与共的人。

(2) 我喜欢那些握手有力并对人微笑的人。我希望发现他们对公司真的感兴趣,并且充满热情。如果他们见面就说您好,那会给我留下良好的印象。他们不需要对主考官毕恭毕敬。我希望他们了解公司的业务,并且了解他们自己对哪个职位感兴趣。他们不需要知道得非常具体,但是应该对公司的培训计划有个大致的概念。我希望他们知道公司的声誉。对于刚毕业的学生们来说,明确从业方向也是十分重要的。许多来参加面试的学生,竟然不知道公司里哪个职位适合他(她)。他们不应该提出关于薪水的问题,至少不应该在第一次见面时就提出。因为如果公司决定雇用一个学生,薪水问题会在以后与其本人进行讨论。如果他提出"有多少假期"这个问题,那不会给我留下一个好的印象。我会在心中反问"他一年内想工作多少天?"第一次见面是双方的相互了解,应该在对话的过程中进行。如果对问题不是很清楚,他们可以要求进一步解释。他们也可以要求多一些时间来考虑问题;在所有问题回答完以后,他们还可以要求重新回答某个问题,因为提出这种要求是需要勇气的。如果他没有对这次面试进行准备,那么就不会得到第二次面试的机会。因为来竞争同一个职位的人很多,没有进行充分准备的人只能说明他(她)对这个职位并不是真正感兴趣。

(3) 我所注意的第一件事就是他们如何与我接触。他们会不会向我伸出手?是不是从椅上蹦起来的?他们是过于热情,还是过于紧张?他们是否与我过于接近?他们以怎样的方式握手?我希望见到的人与我保持一定的距离,且毫无惧意。我总是能在5分钟内做出判断。这并没有什么可惊讶的,是他们的姿态、形体语言、态度和热心程度给我提供了依据。我不会在意那些狂妄自大和过于自信的人。他们应该对我们的公司有所了解,这一点非常重要。他们应该能给任何人介绍一些我们公司的情况。他们提出的问题反映出他们的创造性和分析能力。他们的简历为见面会提供了很大的帮助。简历体现出一个人如何向别人展示自己。如果简历是由别人代写的,那么他很快会在交谈中露出破绽。我不希望听到对于我工作背景的询问或评价。我也不希望有人问我取得了多大成绩。我希望来参加面试的人都是诚实的。如果他们说"不喜欢面试的形式",我会给他们第二次机会。如果他们的简历很好,但是在面试中的表现欠佳,那么我会在拒绝他们的信中附上这样一句话:我希望在下次面试时与你见面。这样做也是为了鼓励他们提高应试的能力,争取下次获得成功。我对学生们的建议是考虑一下你做过什么,你想做什么。按时间顺序把你已经做过的事列一份清单,并以此来写你的简历。如果简历与你的经历有明显的出入,那么你会遇到大麻烦。如果简历中没有工作经历,我就会问他们在4年中做了些什么,为什么会这样。

(4) 我喜欢那些谈吐自如轻松的人。我很理解那种七上八下的紧张心理,但我更希望在紧张的环境中看到一个泰然自若的人。我希望参加面试的人能随便地聊上几句,我喜那些有幽默感、放松，甚至能在当时的紧张气氛下开开玩笑的人。参加面试的人可以模仿主考官的动作：他坐直，你也坐直，他倚在桌子上，你也倚在桌子上，你模仿的形体语言会让主考官感到轻松。人们会为这种做法所达到的效果大吃一惊的。对公司的了解同样使一些人感到放松。应试者应事先准备一下，这样可能避免出现如坐针毡的情况。回答问题不要给人一种背台词的感觉，我希望得到的是出自内心的回答。诚实是一个人最可贵的品质，也是取得成功的先决条件。我希望参加面试的人事先多阅读。应该掌握最新的股市行情、了解年度报告的内容。但不幸的是，只有 10%～15% 的人能机敏地谈论公司的情况。对我们公司的了解程度并不是我选择人才的决定性因素，对于那些确有才华的人，我会当即雇用他。我并不认为有什么问题是参加面试的人不宜提出的。因为我们公司的一贯做法是畅所欲言，我们认为他们提出的任何问题与我们对他们提出的问题一样，是平等的。如果他们能提出比薪水等类似问题更高明的问题，那么我认为他们是在为自己争取机会。这也是进行事先调查的重要性所在。如果在面试进行得不是很顺利的情况下，在面试结束以前，来求职的人还能向我们推销他自己，那么我们认为他对这份工作的确有兴趣。如果他最后一席话能让我考虑再给他一次机会的话，通常情况下他会得到第二次机会。可惜，很少有人这样做。

（5）当我与人接触时，我会全方位地观察他们的坐姿、衣着，甚至是头发。我不希望听到对我们室内陈设的唐突评价，或者对我们的地毯大加赞赏。因此，仔细考虑一下如何引起话题，对于参加面试的人来说是非常重要的。那些询问公司最近状况的人能给我留下印象。他们从近期的报道中寻找与公司有关的事，并揣摩其可能产生的影响。这样一个现实的问题，让人觉得这个来参加面试的人的确关心公司的情况。来参加面试的人应对公司有所了解。但是我不会在这样的场合下问他们类似的问题。他们应该考虑如何使自己获得加入这个机构的机会。他们的问题应该反映出他们对如何加入这个机构感兴趣。我觉得他们可以随意地提出任何问题，包括薪水和假期等。唯一能让我终止面试的就是缺乏交流。语言贫乏、问题欠考虑、思路不清晰不简洁、回答烦冗、答非所问等情况都会让我厌倦。

（6）刚走出校门的学生在参加面试时，应表现得放松和充满自信。他们应该给自己设计一种形象，使人觉得他们是集体中的一员，容易相处，并能为公司做出贡献。尽可能多地了解我们公司的情况是非常必要的。回答的问题也需要有事实来证明。他们应该展现出自己的知识与能力，让人相信他们能够在公司中取得成功。在第一次的面试中，他们不应该提关于薪水的问题。即使他们并不那么喜欢这次面试，如果他们很聪明，也会要求给予第二次机会。

（7）重要提示：求职面试是用人单位通过当面交谈对应聘者进行考核挑选的一种方式，是应届生求职择业的必经阶段。在求职活动过程中，对于求职者而言，面试是压力最大的一个阶段，因为求职成功就得先过面试这关。毕业生想要在求职面试中应付自如，只有做好充分准备，努力提高求职面试技巧，最终才能走向成功。

案例分析与讨论

【案例一】

求职者：苗苗（化名），应届毕业生

求职故事：

经过一番谨慎而又紧张的面试后，面试官以一种看似自然而又礼貌的口气提问求职者苗苗："今天的面试就到这里了，不知你还有没有其他问题要问？"苗苗之前也经历过类似的面试，但每次苗苗总会回答"没问题"。其实，每次面试前苗苗已经预先想到面试官会有这么一问，苗苗在面试前也会针对这一问题做一些准备。可每每临场，到了这至关重要的一问时，苗苗仍然会条件反射性地回答对方自己"没问题"了。

【案例思考与讨论】

苗苗同学求职过程中出现了什么问题？面试结束阶段我们应该做哪些准备工作？

【案例二】

求职者：张艳（化名），应聘总经理秘书

求职故事：

经过3年的磨炼，张艳觉得自己各方面的工作技能都有了显著提高，英语水平也突飞猛进。当张艳在网站上看到一家知名外企在招聘部门经理秘书时，她信心十足，认为以自己眼下的资历、要求得到这个职位简直是易如反掌。张艳在面试的前半小时里表现得都算不错，然而却栽在了最后的提问环节上。

张艳问道："我只想提两个问题：一、听说贵公司遭受金融风暴的打击较深，这一季度公布的财报不是很好，请问公司有什么对策？二、最近很多消费者反映你们的产品存在质量方面的问题，导致销售量直线下滑，请问贵公司准备如何应对？具体有哪些对策呢？"

张艳一脸傲气的样子却让面试官哭笑不得，但是他很有礼貌地笑了笑，用标准的公关辞令回避了这些问题。张艳在面试之后感觉很好，却一直都没接到对方公司的录用通知……

【案例思考与讨论】

张艳在求职过程中出现了什么问题？提问时应该问哪些方面的问题？

【案例三】

求职者：海涛（化名），求职目标是市场专员

求职故事：

很多"面霸"在提到自己的经验时经常说"初次面试不宜谈薪酬"，但海涛却有自己独特的想法。海涛认为如果薪酬不合适，其他谈了也白谈，无宜于浪费彼此的时间。于

是,海涛通常会在最后的提问环节,直截了当地询问关于其所应聘职位的薪水情况。有时海涛在接受电话面试时,当即就表明:"生活压力太大,不到 5 000 元月薪不予考虑。"海涛的想法是:应聘前我对相关职位的大体薪酬情况已经做过了解,再加上我个人的生活成本,所以我对薪水有一个相对明确的要求。但这是理性要求,不是漫天要价,如果企业不能满足我的要求,接下来就可以不用谈复试或是终面了。

海涛的话听起来很有道理,但是从实践看来,海涛找了将近 9 个月的工作,大部分都是因为薪水问题而导致面试失败。这时,海涛不得不承认,自己的想法有问题。

【案例思考与讨论】

面试过程求职动机的哪些方面不宜展示给面试官?如果面试官问到,应该如何回答?

课堂探索活动

活动:模拟面试

(1)实操时间:开课第六周、第七周。

(2)材料准备:企业招聘登记表、面试评分表、专业面试题汇总表、非专业面试汇总表等。

(3)角色设置:招聘者(包括面试官和其他工作人员)、求职者。

(4)环境设置:创造一定的面试场景氛围。

(5)实操内容。

① 面试的基本流程和要求;

② 面试的典型问题解答;

③ 面试结束后招聘者对模拟面试中求职者的点评;

④ 求职者的感受交流;

⑤ 团队分享,提出改进建议;

⑥ 根据求职者的表现,应聘单位和现场观众决定是否录用(两者可预设比例)。

(6)实操的方法和目标。

采取模拟面试现场的方法进行集体实战演练,尽可能把面试时会遇到的情况一一罗列出来,将面试环境、着装、面试官、时间长度等一一考虑进去,并进行交流、分享,使学生充分体验"求职面试"场景,正确把握面试过程。

(7)实操流程。

① 抽签。根据学生的组队,请每组面试官抽签,确定每组的面试顺序和应聘单位,包括面试的 10 个随机问题。

② 情境介绍。主持人向学生介绍第一组的面试时间、地点、应聘单位情况。

③ 面试开始。面试从求职者敲门开始，必需环节：进门打招呼、自我介绍、问答、告辞。面试官根据抽签内的 10 个问题至少选择 5 个提问，并且可现场临时发挥。

④ 面试结束。招聘者达成意见，点评求职者的现场表现；求职者自我表述，与大家一起分享自己的"面试心路历程"；现场观众也可参与，最后教师对求职者及招聘者的表现进行总结。

⑤ 现场决定是否录用求职者。

⑥ 第二组开始。

⑦ 要求每组把面试模拟过程形成文案报告。

（8）注意事项。

① 模拟面试一般安排在理论课之后的第二、三周，让学生有充分时间准备，保证模拟面试的实效性；要求全体学生全程参与：部分参与演练，其余观摩；一起交流、探讨，共同感受。

② 在进行模拟面试前，学生完成个人简历的制作。

③ 根据模拟面试的内容和流程设置，结合专业特点和学生实际，指导教师要提前将任务布置给学生，并将模拟面试的设计方案发给学生，要求学生组队设计整个模拟面试，落实人员，保证模拟面试的目标实现。

模拟面试设计方案

（1）情境：所在专业应届毕业生到应聘单位参加面试。

（2）应聘单位信息：拟招聘的岗位及其要求；单位所有制性质；单位的经营理念和文化；发展规划。

（3）求职者的基本情况：个人简历资料；职业报酬期望；职业发展规划。

（4）现场录用决定。

（5）教师辅导贯穿全程，模拟面试设计、组织、进行的全过程应发挥全体学生的积极性、主体性，保证每个角色都能充分发挥，从中受益，克服对面试的恐惧、紧张情绪，揭开面试的神秘面纱；鼓励学生在课外开展关于求职面试的系列活动。

（6）模拟面试中，招聘者的面试点评、求职者的自我评价、观众的感受也要组织好，教师在这个过程中要加以引导，对求职者在面试过程中的各个细节加以深入剖析，如求职者的面试礼仪、神情、微笑、语言表达、沟通、现场应对、心理素质等，既要给予鼓励，又要指出问题。于教师而言，模拟面试的过程也是一个最全面的细节讲解过程。

（7）教师还要组织每组的面试官，准备现场抽签的材料：应聘单位、10 个问题的设计。

（8）有条件的，建议现场进行摄像录制，以便得到更多的信息。

课后任务

（1）面试考核的基本内容有哪些？

（2）在完成小组课外实践作业专业面试题汇总表、非专业面试汇总表的基础上，以小组为单位，进行"半结构化面试"模拟演练。

（3）课后反思：在面试中，你在哪些方面做得比较好？还有哪些方面需要改善？可以采取哪些改善措施？将课后反思上传到学习通。

（4）观看视频"文明礼仪在面试中的重要性"，参与话题讨论"假如你是面试官，你更看重求职者哪些礼仪？"

第五章 大学生就业权益保护

教学目标

知识目标：理解就业协议和劳动合同各自的相关知识；掌握就业协议和劳动合同的区别。

能力目标：熟悉大学生就业的权益与义务；能够利用法律政策对自身就业权益进行保护。

素质目标：自主学习法律法规，懂得就业协议和劳动合同的严肃性，了解违约的相关处理，自觉培养诚实守信的职业素养。

知识内容框架图

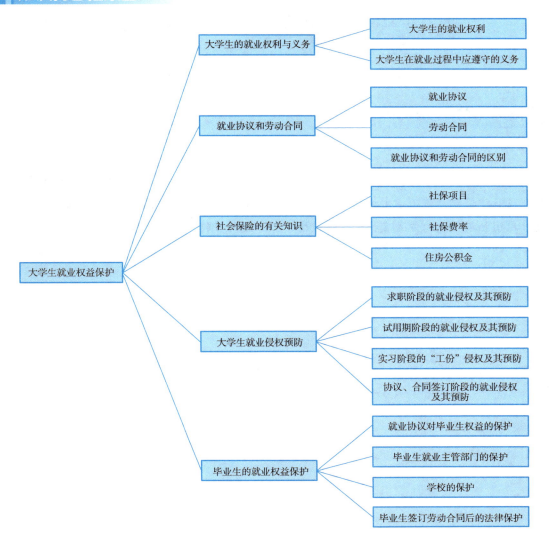

学习任务流程图

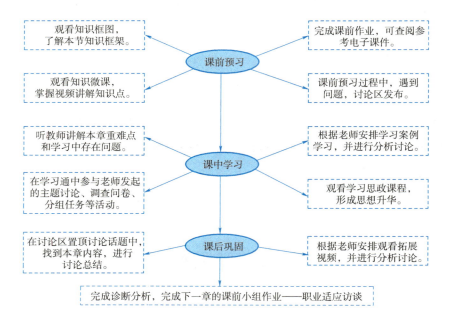

课前小组实践活动作业

课外小组作业

咨询学长，毕业工作时是否遇到自己的权益被侵权的情况？如何预防就业权益侵权？如果权益被侵权，作为学生该如何做？可以通过PPT展示访谈内容、图片和获得的结论，也可以用拍摄视频的方式直接记录访谈情景，并进行剪辑，添加字幕。

第一节　大学生的就业权利与义务

一、大学生的就业权利

《中华人民共和国宪法》《中华人民共和国劳动法》《中华人民共和国高等教育法》《普通高等学校毕业生就业工作暂行规定》等法律法规和政策中均规定了毕业生应有的权利。这些权利概括起来主要包括以下内容。

（一）获取信息权

就业信息是毕业生择业成功的前提和关键，只有在充分占有信息的基础上，才能选择用人单位。毕业生获取的信息应该是公开、及时、全面的。信息公开是指所有用人单位的需求信息必须向全体毕业生公开，任何单位和个人不得隐瞒、截留需求信息。信息及时是指毕业生获取的信息必须是及时、有效的，而不能将过时无利用价值的信息传递给毕业生。信息全面是指毕业生有权获得准确、全面的就业信息。

（二）自主选择权

根据双向选择、自主择业的原则，高校毕业生可以自主地选择用人单位，学校、其他单位和个人均不得干涉。把任何个人意志强加于毕业生，均被视为侵犯毕业生选择权的行为。

（三）接受就业指导权

接受就业指导是每个毕业生都具有的权利。《中华人民共和国高等教育法》规定，高等学校应当为毕业生提供就业指导和服务。《普通高等学校毕业生就业工作暂行规定》中明确指出，高等学校的一个主要职责就是对毕业生开展就业教育和就业指导工作。

高等学校就业指导主要是为了帮助毕业生根据自身特点和社会职业需要，选择最能发挥自己才干的职业，全面、迅速、有效地与工作岗位结合，实现自己的人生价值和社会价值。毕业生应该充分行使该项权利，树立正确的择业观，增强择业意识，掌握求职技巧，提高主动适应社会需求的能力。

（四）被推荐权

高等学校的一个重要职责就是向用人单位推荐毕业生。历年工作经验证明，学校的推荐在很大程度上影响用人单位对毕业生的取舍。毕业生享有被推荐权包含以下几个方面的内容。

1. 如实推荐

即高校对毕业生进行推荐时实事求是，根据毕业生本人的实际情况向用人单位进行介绍、推荐。不能故意贬低或随意捧高对毕业生在校表现的评价。

2. 公正推荐

学校对毕业生进行推荐时应做到公平、公正，应给每一位毕业生推荐就业的机会。公正推荐是学校的基本责任，也是毕业生享有的最基本的权利。

3. 择优推荐

学校根据毕业生的在校表现，在公正、公平的基础上，还应择优推荐，用人单位录用毕业生也应坚持择优标准。

（五）公平受录用权

女生就业难仍然是困扰女性毕业生就业的一大问题。公平受录用权是毕业生最为迫切需要得到维护的权益。

（六）违约求偿权

毕业生、用人单位签订协议后，任何一方不得擅自毁约。如用人单位无故要求解约，毕业生有权要求对方严格履行就业协议，否则用人单位应对毕业生承担违约责任，支付违约金，毕业生有权利要求用人单位进行补偿。

二、大学生在就业过程中应遵守的义务

（一）回报国家、社会的义务

《中华人民共和国宪法》规定，劳动对于公民来说，既是权利也是义务，是权利和义务的结合和统一。对于毕业生而言，不仅要履行作为公民来说必须履行的劳动义务，而且要按照"得之于社会，还之于社会，报之于社会"的原则，积极地回报国家、社会和家庭，承担起自己应尽的义务。

（二）服从国家需要的义务

虽然毕业生在择业过程中有相当大的自主权，可以根据个人意愿选择用人单位，但作为当代大学生，上大学还不完全是一种投资于未来发展的个人行为，国家和社会为大学生的成才付出了很大的代价。因此，大学生就业不仅仅是个人行为，还应服从国家的需要。

（三）如实介绍自己情况的义务

毕业生在求职择业过程中应如实向用人单位介绍自己的情况，这是基本的择业道德要求，也是自己应尽的义务。毕业生在填写推荐表、撰写自荐信、与用人单位洽谈介绍自己时，必须实事求是，不得弄虚作假。只有如实介绍自己的情况，才能获得用人单位的信任。

（四）遵守和履行就业协议的义务

毕业生与用人单位通过双向选择签订协议，以约束双方的行为。遵守协议是就业工作

顺利进行的保证。一经签订协议，就不能随便违约，一旦违约，不仅会影响学校正常的就业秩序，而且会损害用人单位、学校、其他同学等各方面的利益。因此，毕业生必须增强信用意识。

（五）按时到工作单位报到的义务

《普通高等学校毕业生就业工作暂行规定》要求，毕业生办理完离校手续后，应持报到证按时到用人单位报到。如果自离校之日起，无正当理由超过三个月不去就业单位报到的，由学校报主管毕业生就业部门批准，不再负责其就业。

第二节 就业协议和劳动合同

一、就业协议

（一）就业协议的内容

就业协议（又称三方协议）是《全国普通高等学校毕业生就业协议书》的简称，它是明确毕业生、用人单位、学校三方在毕业生就业工作中的权利和义务的书面表现形式，能解决应届毕业生户籍、档案、保险、公积金等一系列相关问题。协议在毕业生到单位报到、用人单位正式接收后自行终止。就业协议由教育部统一制定式样。就业协议具有法律效力，一经签订，各方必须严格履行。

就业协议一旦签订，就意味着大学生的第一份工作就基本确定。因此，应届毕业生要特别注意签约事项。毕业生签就业协议前，须认真查看用人单位的隶属，国家机关、事业单位、国有企业一般都有人事接收权；民营企业、外资企业则需要经过地方人事局或人才交流中心的审批才能招收职工，就业协议上要签署他们的意见方能有效。应届毕业生还要对不同地方人事主管部门的特殊规定有所了解。现行的就业协议中主要包括以下内容。

1. 签约须知

就业协议是依据教育部颁布的《普通高等学校毕业生就业工作暂行规定》（以下简称《暂行规定》）制定的。《暂行规定》第二十四条规定："经供需见面和双向选择后，毕业生、用人单位和高等学校应当签订毕业生就业协议书，作为制订就业计划和派遣的依据。"由此可见，毕业生就业必须签订就业协议，否则，国家或省（市、自治区）级毕业生就业主管部门就不能办理毕业生就业报到手续，签发毕业生就业报到证。签约须知中明确了七项内容。

（1）"毕业生应按国家规定就业，向用人单位如实介绍自己的情况，了解单位的使用意图，表明自己的就业意见，在规定的时间内到用人单位报到，若遇到特殊情况不能按时报到，需征得用人单位同意。"本条款要求毕业生在签订就业协议之前，一定要了解国家对毕业生就业的方针和政策，在签订就业协议时毕业生本人的情况应当符合就业政策，并遵守有关的程序规定。否则，将导致就业协议无效。同时，要求毕业生在双向选择过程中实事求是地向用人单位介绍自己的德、智、体诸方面的实际表现和情况，不得弄虚作假。在签订就业协议之前，毕业生还应当了解用人单位对毕业生的使用意图和拟提供的工作岗位，并结合自己所学的专业和实际情况综合考虑是否适合自己。对于与用人单位已签订就业协议的，必须在报到证规定的时间内到用人单位报到，若遇到特殊情况不能按时报到，需征得用人单位的同意。

（2）"用人单位要如实介绍本单位的情况，明确对毕业生的要求及使用意图，做好各项接收工作。凡取得毕业资格的毕业生，用人单位不得以学习成绩为由提出违约。未取得毕业资格的结业生，本协议无效。"

本条款是对用人单位提出的要求。要求用人单位与毕业生洽谈时，应当将用人单位的地点、单位的性质、生产规模、生产的产品、生活条件和待遇，以及对毕业生所学专业的要求、具体的工作岗位等实事求是地向毕业生介绍，不得做虚假介绍。毕业生持报到证到用人单位时，用人单位要做好接收毕业生的工作。接收工作包括多方面的内容，如为毕业生办理人事关系、档案关系的转入手续，安排具体工作和生活饮食住宿以及介绍厂规、厂纪等方面的情况。对于已取得学校颁发的毕业证的毕业生，用人单位不得以学习中有重修成绩为由提出违约或拒收毕业生并将其退回学校。

（3）"学校要如实向用人单位介绍毕业生的情况，做好推荐工作。用人单位同意录用后，经学校审核列入建议就业计划，报教育厅批准，学校负责办理派遣手续。"本条款主要包含两层意思：第一层意思是要求学校作为签约的一方，要实事求是地向用人单位介绍毕业生的情况，做好推荐工作；第二层意思是说学校的管理职能，学校要对毕业生与用人单位签订的就业协议进行审核。审核主要依据国家政策和学校规定，符合政策规定的，学校将列入建议性就业计划。建议性就业计划形成以后，必须报教育厅审核批准后作为正式的就业计划下达给学校，由学校正式为毕业生办理就业手续并颁发报到证。

（4）"学校应在学生毕业前安排体检，体检不合格者不派遣。如果用人单位对毕业生身体条件有特殊要求，原则上应在签订就业协议书前进行单独体检，否则，以学校体检为准。"本条款是对毕业生的身体情况提出的要求。毕业生在离校前夕，学校应当为其安排一次身体检查，并做出结论性意见。体检合格的，学校颁发报到证；体检不合格者，学校不颁发报到证。同时，就业协议自行失效，由学校致函告知用人单位。这样做的目的是对用人单位负责，也是对毕业生负责。对于身体不合格的毕业生，学校将要求其回家休养治病，待身体痊愈后，第二年重新派遣。

（5）"毕业生、用人单位、学校三方如有其他约定，应在备注中注明，并视为本协议书的一部分。"本条款强调，毕业生、用人单位、学校三方在签订就业协议时，如有一些其他的事项或特殊的约定，应当在就业协议书的备注栏中写明。特别需要注意的是，对于一些其他的约定，一定要在备注栏中签字、盖章。

（6）"本协议经毕业生和用人单位签字或盖章后生效。经学校鉴证登记后作为签发报到证的依据。"本条款是对就业协议书的生效所做的原则规定。因为就业协议在签订过程中情况复杂，有的是用人单位来学校参加学校招聘会，有的是用人单位单独来学校进行专场招聘，而有的是毕业生直接到用人单位与其洽谈并签约，也有的是毕业生在省、自治区或直辖市举办的人才市场上签约。而且用人单位在招聘时不可能每次都带着单位的公章，这就使就业协议的生效出现许多复杂的情况，给毕业生和用人单位带来许多不便。为了解决上述问题，各学校对就业协议的生效以及附加条款的生效方式做了规定。所以，毕业生对就业协议的生效方式应注意学校的规定或就业协议上的附加条款。

（7）"本协议一式三份，毕业生、用人单位、学校各执一份，复印无效。"本条款是对就业协议的数量和持有人做出的规定。同时指出，就业协议是不准复印的，否则将造成其无效。

2. 签署意见与签字盖章

签署意见与签字盖章包括以下三个方面的内容。

（1）毕业生的情况及意见。这部分内容由毕业生本人填写，毕业生的情况包括姓名、性别、年龄、民族、政治面貌、培养方式、健康状况、专业、学制学历和家庭地址。在上述各栏中，特别注意在"培养方式"一栏中，对属于国家计划招收的毕业生要填写"统招"。在毕业生意见一栏中，由毕业生填写自己的应聘意见，要求毕业生对是否愿意到用人单位就业表明自己的意见，同时，也应将与用人单位在洽谈中达成的基本条件写明，以避免日后发生争议。

（2）用人单位的情况及意见。这部分内容由用人单位填写，用人单位的情况包括单位名称、单位隶属、联系人、联系电话、单位性质和毕业生档案转寄详细地址。在用人单位意见一栏内，包括用人单位的意见和用人单位上级主管部门的意见两个方面的内容。

（3）学校意见。学校意见中主要包括两级意见：学院（或系部）意见和学校就业主管部门意见。学院（或系部）意见是毕业生所在单位的基层意见，学院（或系部）在签署意见时除进行初步审核外，还要了解毕业生具体的就业去向。学校就业主管部门签署意见是代表学校一方在就业协议上签字盖章。

3. 毕业生与用人单位双方约定

双方约定栏是为毕业生、用人单位、学校三方共同约定的其他条款所设计的。在双方约定中，毕业生与用人单位约定的条款如果不涉及学校的有关规定，不违反政策，并只在毕业生与用人单位之间约定，学校是不予干涉的。

4. 注意事项

毕业生在领到就业协议后，要仔细阅读就业协议中的全部内容。同时，注意保管好就业协议，并在择业成功时，采取认真负责的态度签订就业协议。在签订表格合同时，有关毕业生与用人单位双方商定填写的空白部分，应明确填写商定的内容文字，如有未填写的空白，必须用"/"（斜杠）划除，或填写上"无"，以避免未划除空白而产生的争议。这里要特别提出的是，签订就业协议的主体是毕业生和用人单位，学校只起鉴证、监督以及为毕业生和用人单位服务的作用。毕业生与用人单位签约后，要尽早完成其他手续，并将其中一份协议交给用人单位，一份交给学校，一份自己留存。

（二）就业协议的签订

1. 就业协议签订的基本原则

就业协议签订的基本原则是指用人单位、毕业生和毕业生所在高校三方在签订就业协议时必须遵循的基本准则。

（1）主体合法原则。签订就业协议的当事人必须具备合法的主体资格。对毕业生而言，就是必须取得毕业资格，如果学生在派遣时未取得毕业资格，用人单位可以不予接收而无须承担法律责任；对用人单位而言，用人单位必须具有从事各项经营或管理活动的能力，单位应有录用毕业生计划和录用自主权，否则毕业生可解除协议而无须承担违约责任；对高校而言，高校根据用人单位的要求如实介绍毕业生的在校表现，也应如实将所掌握的用人单位的信息发布给毕业生，高校是毕业生就业协议的一个重要组成部分。

（2）平等协商原则。就业协议中的用人单位和毕业生在签订就业协议时的法律地位是平等的，一方不得将自己的意志强加给另一方。学校也不得采用行政手段要求毕业生到指定单位就业（不包括有特殊情况的毕业生），用人单位也不应在签订就业协议时要求毕业生缴纳风险金、保证金。双方当事人的权利义务应是一致的。除协议书规定内容外，双方如有其他约定事项可在协议书"备注"内容中加以补充确定。

（3）诚实信用原则。"诚"就是真心诚意、实事求是、不虚假、不欺诈；"信"就是遵守承诺，讲求信用。用人单位非常重视毕业生是否具有"诚信"。社会是这样一个整体：人一旦离开了它，便很难延续生命。既然要在其中生存，那么维系人与人之间的链条就是诚信。因此，中国人自古就把诚信看得比生命还重。

（4）学校鉴证原则。就业协议的生效，除用人单位和毕业生协商一致外，必须经过学校鉴证。就业协议鉴证，是学校依法证明就业协议真实性和合法性的一种活动。就业协议鉴证是高校履行的一种行政管理制度，是对就业协议进行管理的一种行政干预、行政监督措施。

2. 就业协议签订程序

毕业生与用人单位达成一致后，签约程序如下。

（1）毕业生认真如实填写基本情况及应聘意见，并签名；

（2）用人单位、主管部门及人事调配部门签署意见；

（3）用人单位将档案详细转递地址填好；

（4）各院系签署意见；

（5）学校就业指导中心签署意见；

（6）省就业指导中心签证。

需要说明的是，按程序最后到学校签章，由学校最后把关，更有利于维护毕业生的合法利益。有些毕业生图方便，要求学校先签章，再交用人单位，这样有可能写上有损毕业生权益的条款，从而产生不利后果。学校把关，意义还在于确认签约手续是否完备，否则由于手续不齐等原因致使报备方案时无法通过，或派走后到用人单位无法报到等问题，会加大毕业生的心理负担。

小张同学凭着自己的实力很顺利地通过了面试、体检、政审考核等程序，从众多应聘者中脱颖而出，该单位当即表示同意录用小张，但提出因没有携带公章，需请学生本人和学校先在就业协议上签署意见和盖章，然后由他们将就业协议带回去再补办有关手续。该校就业指导中心的老师凭着多年的工作经验，提醒小张要考虑周到一些，最好等单位先签字盖章，即把录用手续办完之后，学校再盖章。但该单位和小张本人都很急迫，学校就业指导中心的老师还是给他的就业协议先盖了章。半个月之后，该单位却将小张的就业协议退了回来，理由是身体条件不合格。小张同学顿时傻眼了，心里非常纳闷，当时体检明明已通过，体检结果都亲自看过了。于是便打电话咨询单位，单位解释说："很抱歉，当时我们忽视了其中一项指标，原以为可以忽略不计，但在报送上级审核时未能通过。"小张无奈，只好求助学校就业指导中心的老师，老师出面打电话调解，可该单位却声称："请学校先盖章，是我们考核的一项内容，我们并没有在学生的协议书上签字盖章，该协议书并未生效，况且我们已及时将就业协议退还给学生本人，我们可以不负责任。"最终，因为找不到任何表示该单位同意录用小张的文字依据，小张同学的那份协议被迫作废，他在懊悔的同时，也暗自庆幸好在该单位退回协议还算及时，否则，不知道要错过多少机会。

启示：就业协议一定要等单位先签字盖章，即把录用手续办完了之后，学校再盖章；在就业协议签订过程中，为了确保自己的合法权益不受侵犯，最好能够有意识地保存一些有效证据，以防不时之需。

3. 就业协议签订的注意事项

毕业生就业协议明确的三方权利和义务，具有法律约束力，也涉及毕业生的切身利益，因而毕业生在就业签约时应注意以下几个问题，以切实维护自身在签订就业协议过程中的合法权益。

（1）认真地了解、掌握国家和地方各级政府的就业政策以及学校的有关就业规定。国家和地方各级政府的就业政策和学校的相关规定是毕业生择业方向的指南，它将规范毕业生的就业行为，毕业生从中可以了解到可以做什么，不可以做什么，或者怎样去做。有关政策提倡高校奖学金适当用于鼓励和支持毕业生到西部或基层就业。

（2）慎重签订就业协议。毕业生在与用人单位签订就业协议前，要认真阅读就业协议中的全部条款，特别是要清楚用人单位提出的附加条款，并弄清楚条款的内容和含义，同时还要学会如何运用条款和掌握签订就业协议的步骤。着重要注意以下几点。

① 要了解用人单位有无独立的人事权，以及用人单位的上级主管单位和部门是谁。如果用人单位没有独立的人事权，除用人单位盖章外，还必须有其上级主管部门的公章。否则，由于用人单位的上级主管单位或主管部门不认可，所签协议将为无效协议。

② 要查明用人单位的资质情况。签订就业协议的当事人必须具备合法的主体资格，一般而言，用人单位必须具有从事各项经营或管理活动的能力，单位应有用人指标和用人人事权。由于就业市场招聘单位类型多样，不乏鱼目混珠的情况，因此，毕业生在与用人单位签订就业协议时应慎重，要仔细了解用人单位的基本资质，以便做出正确的判断。

③ 要按正确的程序签订就业协议。毕业生就业协议的签订应按照规定的程序进行。一般而言，毕业生应凭用人单位接收函到学校领取就业协议，在与用人单位签约后交学校就业工作部门鉴证。但是，现在越来越多的用人单位要求学生先带上就业协议面试，以确定该毕业生是否与其他用人单位签订协议，所以也可以由学生在学校就业部门领取就业协议，先与用人单位签订就业协议，再将就业协议交学校就业部门审核。不管怎样，就业协议的签订必须由学校就业部门最后把关，以维护学生的合法权益。

④ 要明确有关条款的内容。毕业生就业协议一般由主管部门事先拟定，对毕业生与用人单位起示范作用。毕业生与用人单位对有关条款可以协商，还可以增加相关条款。因而毕业生与用人单位在签约时，应尽量采用示范条款。如确有必要进行变更或增加，必须明确其内容，不要产生歧义，尤其是涉及福利待遇、工作期限、违约责任等方面时。否则，一旦发生争议，由于事先约定不明确，结果将不利于毕业生自身合法权益的保护。

⑤ 要注意与劳动合同的衔接。由于毕业生就业协议签订在先，为避免在日后订立劳动合同时产生纠纷，应尽可能将劳动合同的主要内容体现在就业协议的约定条款中，并明确表示在今后订立劳动合同时应予确认。否则双方日后就劳动合同有关内容达不成一致意见，而且事先无约定时，若毕业生表示不愿在该单位工作，用人单位就会反过来要毕业生承担违反就业协议的责任。因而，毕业生在就业过程中应就劳动报酬、试用期、住房、服务期限等劳动合同的主要条款与用人单位事先协商，体现在就业协议中，并将协议结果书面化，而不应只做口头约定。

⑥ 要对合同的解除条件做事先约定。毕业生就业协议一经订立，就对当事人具有约束力，一方不得随意解除，否则应承担违约责任。毕业生如对用人单位情况不是很了解或感到不完全如意，但又担心就业市场的变化，一旦放弃后落实就业单位可能更困难。在这种情况下，毕业生可与用人单位在就业协议中就解除条件做约定。约定条件一旦达成，毕业生可依约解除协议，而无须承担违约责任，避免产生经济损失或其他争议。

⑦ 要注意备注（所约定条款）的合理性和可接受性。目前，高校毕业生使用的就业

协议是由教育部统一印制的,由于地区之间、用人单位之间存在着差异和不同情况,就业协议中不可能规定得全面、详细,许多内容要靠毕业生与用人单位约定,然后备注。但是,毕业生在与用人单位进行约定时要注意:约定的条件是否合理;约定的条款毕业生本人能否承受(如对于违约问题,有的用人单位为了惩罚违约的毕业生,约定的违约金数额过高,使学生难以承受);毕业生与用人单位约定的备注条款,要注意必须有毕业生和用人单位双方的签字,否则当发生争议时,由于没有双方的签字,备注条款很难发生作用。

4. 五大风险须规避

大学毕业生签订就业协议过程中可能会面临五大风险,必须规避。

(1) 就业协议的期限。就业协议约定的服务期限将成为双方的劳动合同期限。由于大学生是初次就业,缺乏明确的职业规划,不宜将第一次期限约定得非常长,以便在不合适的时候及时做出调整。

(2) 改派成本。就业协议强调的是"三方签约",毕业生一旦违约必须承担违约责任,在征得用人单位同意并缴纳违约金后才可重新签约。由于就业协议每个毕业生仅有一份,所以毕业生违约时,必须与原签约单位办理完毕解约手续(有原签约单位的书面退函,缴纳完毕违约金),然后将原就业协议交还高校就业工作处,并换取新的就业协议。

(3) 就业协议的违约金。违约金虽然是对双方的一个保障,也是一把双刃剑。一方面,双方的承诺需要通过违约金来保障,尤其是对于企业来说,由于毕业生往往是先就业再择业,一遇到更好的工作就不惜毁约,就极大地增加了企业的招聘成本;另一方面,有一些单位利用毕业生急于就业的心理,漫天要价,趁机牟利。所以,毕业生在签订就业协议时要慎重考虑,量力而行,对于那些对违约金约定数额较高的企业,毕业生应该考量自己可能承受的风险及承受能力,而不要"病急乱投医"。

(4) 工作内容。大学生能否在实际的工作中实现自己的价值是非常重要的,甚至超出了劳动报酬的重要性,因此,对于日后的工作岗位以及工作内容等要有明确的约定。

(5) 劳动报酬。劳动报酬是劳动合同的必备条款,也是大学生毕业后作为劳动者最大的权益,因此,对于劳动报酬应当约定明确。

(三) 无效就业协议

无效协议是指欠缺就业协议的生效要件而导致就业协议无效,主要包括以下两种情形。

1. 一方采取欺诈手段签订的就业协议无效

如用人单位不如实介绍本单位情况,或根本无录用指标而与毕业生签订就业协议,或毕业生在订立就业协议时对个人情况有重要隐瞒等情况。无效协议产生的法律后果由有欺诈行为的一方承担责任。

2. 就业协议未经学校审查同意时无效

就业协议未经学校审查同意时无效，学校将不予列入就业方案，不予办理就业报到手续。学校经审查认为该协议对毕业生显失公平，或违反公平竞争、公平录用的原则，或不符合国家有关政策规定，学校有权拒签。就业协议被确认为无效的法律后果由责任方承担违约责任，并赔偿经济损失。

（四）就业协议的解除

1. 就业协议的解除

就业协议的解除分为单方解除和三方解除。

（1）单方解除。单方解除包括单方擅自解除和单方依法或依协议解除。单方擅自解除协议，属违约行为，解约方应对另两方承担违约责任。单方依法或依协议解除，是指一方解除就业协议有法律上或协议上的依据，如学生未取得毕业资格，用人单位有权单方解除就业协议，毕业生录取研究生后，可解除就业协议，或依协议规定，毕业生未通过用人单位所在地组织的公务员考试，用人单位有权解除协议，此类单方解除，解除方无须对另两方承担法律责任。

（2）三方解除。三方解除是指毕业生、用人单位、学校三方经协商一致，解除原订立的协议，使协议不发生法律效力。此类解除因是三方当事人真实意思表示一致的体现，三方均不承担法律责任。三方解除应在就业计划上报主管部门之前进行，如就业派遣计划下达后三方解除，还须经主管部门批准办理调整改派。

就业协议一经毕业生、用人单位、学校签署即具有法律效力，任何一方不得擅自解除，否则违约方应向权利受损方支付协议条款所规定的违约金，从实际情况来看，就业违约大多为毕业生违约。

2. 解约手续的流程

毕业生一旦与用人单位签订就业协议，双方就已构成契约关系。毕业生如因故需要终止与原签约单位的协议，必须按所在学校规定办理解约手续。

（1）材料准备。

① 原签约单位书面同意解除协议的函件（原件）；

② 新单位同意接收的函件（原件）；

③ 原签约的就业协议；

④ 本人要求违约的书面申请。

（2）从学校就业网站下载并填写解除就业协议申请表，由所在系部（或分院）主管毕业生就业工作的老师和主管领导签署意见。

（3）学校就业主管部门将对毕业生的申请材料进行审核批准。经审核同意的，发放新的就业协议。对手续不全、材料有虚假、对学校声誉影响较大的违约申请，将不予同意或延期审核。

（4）曾经办理过解约的毕业生，与新单位签约后，学校不再受理该生的第二次解约申请；原则上不受理签约后一个月内递交的违约申请。

（5）到国内外升学以及录取为国家公务员的毕业生，在征得原单位书面同意的前提下，不受解约受理时间的限制。

二、劳动合同

用人单位与劳动者一旦形成劳动关系必须签订劳动合同，对双方的权利、义务进行明确约定。毕业生有权要求用人单位与自己签订书面劳动合同。毕业生不与用人单位签订劳动合同的，用人单位可以以书面形式解除与毕业生之间的劳动关系。书面劳动合同是毕业生主张工资报酬、劳动保护、休息休假、工伤赔偿等权益的必要依据。为了更好地保护自身权益，大学生应该充分了解劳动合同的基本知识，并掌握签订、履行、解除劳动合同的基本原则。

（一）劳动合同的概念、类型

劳动合同是劳动者与用人单位之间确立劳动关系，明确双方权利和义务的书面协议。它是用人单位与劳动者履行劳动权利义务的依据。劳动合同分为固定期限、无固定期限和以完成一定工作任务为期限三种类型。

（1）固定期限劳动合同，是指用人单位与劳动者约定合同终止时间的劳动合同。双方约定的劳动合同期满，双方无续订劳动合同的意思表示的，劳动合同即告终止。如果双方有续订劳动合同的意思表示的，可以续订。

（2）无固定期限劳动合同，是指用人单位与劳动者约定无确定终止时间的劳动合同。在不出现法律法规规定的或者当事人约定的变更、解除劳动合同的条件或者法定终止情形时，无固定期限劳动合同可持续至劳动者法定退休年龄为止。

（3）以完成一定工作任务为期限的劳动合同，是指用人单位与劳动者约定以某项工作任务的完成时间为合同期限的劳动合同。当该项工作完成后，劳动合同即告终止。

（二）劳动合同的订立形式

劳动合同应当以书面形式订立。根据《中华人民共和国劳动合同法》第十条规定，建立劳动关系，应该订立书面劳动合同。签订书面劳动合同是《中华人民共和国劳动合同法》规定的用人单位应履行的强制性义务。如果不签订书面劳动合同，用人单位将承担相应法律责任。劳动合同的书面形式除劳动合同书外，还包括专项劳动协议、用人单位依法制定的劳动规章制度等劳动合同书的附件。根据法律规定，用人单位自用工之日起超过1个月不满1年未与劳动者订立书面劳动合同的，应当向劳动者每月支付2倍的工资。

（三）劳动合同订立的基本原则

劳动合同订立和变更应当遵循合法、公平、平等自愿、协商一致、诚实信用的原则。

（1）合法原则，即劳动合同必须依法订立，不得违反法律、行政法规的规定，不得违反国家强制性、禁止性的规定。合法原则要求劳动合同要做到主体合法、内容合法、程序和形式合法。

（2）公平原则，即订立、履行、变更、解除或者终止劳动合同时，应公平合理，利益均衡，不得使某一方的利益过于失衡。劳动合同法加强保护劳动者的利益，消除双方当事人事实上的不平等，使劳动者与用人单位的利益均衡，以实现结果公平。

（3）平等自愿、协商一致原则。平等，是指在订立劳动合同过程中，双方的法律地位平等，有双向选择权，任何一方不得凭借事实上的优势地位强迫对方接受不合理、不公平、不合法的条款；自愿，是指在订立劳动合同过程中，双方的意志自由，任何一方不得将自己的意志强加于对方，也不允许第三方非法干扰；协商一致，是指经过双方当事人充分协商，达成一致意见，签订劳动合同。

（4）诚实信用原则，即劳动合同的双方当事人订立、履行、变更、解除或终止劳动合同过程中，应当讲究信用，诚实不欺，在追求自身合法利益的同时，以善意的方式履行义务，不损害他人的利益。

（四）劳动合同订立程序

实践中，劳动合同订立一般包括以下几个步骤。

（1）需要用工并具有用工权的单位向社会公开发布用工（招聘）公告或广告。

（2）劳动者报名应招。

（3）用人单位对前来应招的报名者进行考核。

（4）确定符合条件的劳动者并通知对方。

（5）签订书面劳动合同。劳动者和用人单位协商一致后在劳动合同上签字盖章生效，劳动合同文本由劳动者和用人单位各执一份。

《中华人民共和国劳动合同法》第七条规定："用人单位自用工之日起即与劳动者建立劳动关系。"第十条规定："建立劳动关系，应当订立书面劳动合同。已建立劳动关系，未同时订立书面劳动合同的，应当自用工之日起一个月内订立书面劳动合同。"所以，签订书面劳动合同不是劳动关系成立的形式要件，而是用人单位的一项法定义务，事实劳动关系也应该被纳入法律调整范围之内。

（五）劳动合同的主要内容

劳动合同的内容是劳动者与用人单位之间设定劳动权利的具体规定。根据条款内容是否为劳动合同所必需，可将劳动合同的内容分为必备条款和补充条款两部分。必备条款是劳动合同必须具备的内容，欠缺了必备条款劳动合同就不能成立。必备条款有些是法律规定的，有些是当事人协商议定的；补充条款并不是劳动合同成立必须具备的条款，缺少了补充条款劳动合同依然能够成立，补充条款都是当事人议定的内容。

劳动合同的必备条款有以下几方面。

1. 劳动合同双方当事人

双方的相关信息包括用人单位的名称、住所、法定代表人以及劳动者的姓名、住所和身份证号。

2. 合同期限

劳动合同可以有固定期限，也可以无固定期限，或者以完成一定工作为期限。

3. 工作内容

劳动者所担任的工作或职务、工作的要求以及工作的地点在合同中应予以约定，即所从事的工作和工作岗位。应当尽量明确地书写工作和岗位，做到定岗定位。因为岗位的设定直接关系到劳动者是否能够胜任工作、是否负有保密责任以及以后续订合同时是否可以约定试用期等一系列问题。

4. 工作时间和休息休假

国务院规定，职工每日工作八小时，每周工作四十小时。劳动法对劳动者的休息休假权利做了详细的规定。这些都应当反映在劳动合同中。

5. 劳动报酬

劳动合同应明确工资的数额、支付方法，奖金、津贴的数额以及获得的条件等，对福利待遇也应加以规定，应写明劳动报酬的具体数额、计算方法及支付日期，并明确该劳动报酬是税前还是税后。

6. 社会保险

我国现阶段的社会保险主要包括失业保险、养老保险、医疗保险以及生育保险等。劳动合同应依法对有关保险事项做出约定。

7. 劳动保护、劳动条件和职业病危害防护

用人单位应为劳动者制定和提供保障劳动者在劳动过程中身体健康、生命安全、预防伤亡事故与职业病发生的制度及设施，并为其提供必备的劳动条件。劳动合同应对此依法做必要的约定。

（六）常见的补充条款

1. 试用期

劳动合同可以约定试用期。《中华人民共和国劳动合同法》对试用期做了详细的规定，劳动合同期限三个月以上不满一年的，试用期不得超过一个月；劳动合同一年以上不满三年的，不得超过两个月；三年以上固定期限和无固定期限的劳动合同，不得超过六个月。

同一用人单位与同一劳动者只能约定一次试用期。试用期包含在劳动合同期限内。劳动合同仅约定试用期的，试用期不成立，该期限应为劳动合同期限。

劳动者在试用期的工资不得低于本单位相同岗位最低档工资或者劳动合同约定工资的

80%，并不得低于用人单位所在地的最低工资标准。

2. 培训条款

用人单位可以根据实际需要约定对劳动者进行职业培训，包括就业前培训和就业后培训，目的是提高具体岗位需要的劳动者的专业技术、专业知识和操作技能。

3. 保密条款

劳动合同可以约定保守商业秘密，目的在于保护用人单位的经济利益，防止劳动者在了解和掌握了用人单位的商业秘密后擅自泄密造成用人单位的损失。同时，《中华人民共和国劳动合同法》还规定劳动者和用人单位可以依据法律规定来约定保密条款。

王某大学毕业后被招聘到某电子厂工作，并与该厂签订了为期五年的劳动合同。入厂后王某一直在该厂的关键技术岗位工作，掌握了该厂某产品的核心技术参数，为企业创造了可观的经济效益。应其同学的一再要求，王某将有关技术资料的复印件转送给其同学开办的企业，给原厂带来较大的经济损失。其所在厂以王某违反劳动合同中保守商业秘密的义务为由将王某诉至劳动争议仲裁委员会。

启示：为防止不正当竞争，用人单位一般与高级职员在劳动合同中约定，劳动者在终止或解除劳动合同后的一定期限内，负有保密义务，不能到生产同类产品或经营同类业务，且有直接竞争关系的其他单位任职，这是劳动合同中的竞争避止条款。劳动者在签订避止条款时应特别注意工资补偿、避止年限、避止范围等，以进行有效的自我保护。

4. 补充保险

用人单位可以将商业保险作为社会保险外的补充保险提供给劳动者，如意外伤害险、第三者责任险等。

（七）劳动合同的终止、变更和解除

1. 劳动合同的终止

劳动合同的终止，是指符合法律规定情形时，双方当事人的权利义务不复存在，劳动合同的效力即行消灭。劳动合同只有法定终止，没有约定终止。根据《中华人民共和国劳动合同法》第四十四条规定，下列情形出现时，劳动合同终止：劳动合同期满的；劳动者开始依法享受基本养老保险待遇的；劳动者死亡，或被人民法院宣告死亡或者宣告失踪的；用人单位被依法宣告破产的；用人单位被吊销营业执照、责令关闭、撤销或者用人单位决定提前解散的；法律、行政法规规定的其他情形。

同时，根据《中华人民共和国劳动合同法》第四十二条规定，有下列情形的，劳动合同到期也不得终止，应延迟至相应情形消失时终止：从事接触职业病危害作业的劳动者未进行离岗前职业健康检查，或者疑似职业病病人在诊断或者医学观察期间的；在本单位患

职业病或者因工负伤并被确认丧失或者部分丧失劳动能力的；患病或者非因工负伤，在规定的医疗期内的；女职工在孕期、产期、哺乳期的；在本单位连续工作满十五年，且距法定退休年龄不足五年的；法律、行政法规规定的其他情形。

2. 劳动合同的变更

劳动合同的变更，是指当事人双方对尚未履行或尚未完全履行的劳动合同，依照法律规定的条件和程序，对原劳动合同进行修改或增删的法律行为。当订立劳动合同的主客观情况发生变化时，用人单位和劳动者可以在平等自愿、协商一致的基础上变更劳动合同的内容。变更劳动合同，应当采用书面形式。

3. 劳动合同的解除

劳动合同的解除，是指劳动合同当事人在劳动合同期限届满之前依法提前终止劳动合同关系的法律行为。劳动合同解除可以分为合意解除、用人单位单方解除、劳动者单方解除三种情况。

（1）合意解除劳动合同，是指用人单位与劳动者协商一致，解除劳动合同。如果是由用人单位提出解除协议的，用人单位应向劳动者支付解除劳动合同的经济补偿金。

（2）用人单位单方解除劳动合同，是指在具备法律规定的条件时，用人单位享有单方解除权，无须双方协商达成一致意见。用人单位解除劳动合同的法定条件，具体参见《中华人民共和国劳动合同法》第三十九至第四十二条规定。

（3）劳动者单方解除劳动合同，是指在具备法律规定的条件时，劳动者享有单方解除权，无须双方协商达成一致意见，也无须征得用人单位的同意。劳动者单方解除劳动合同的情形包括预告解除、用人单位违法解除两种，具体参见《中华人民共和国劳动合同法》第三十七条、第三十八条规定。

小黄是个技术型人才，其技术水平非常高。他去一家公司应聘时，该公司人事经理比较看好小黄，打算录用他，于是跟他谈到了工资的问题。人事经理问小黄："假如我们录用你，你希望在我们公司一个月拿多少钱？"小黄如实地说："我在上一家公司月薪是1万元，在来你们这里应聘之前，我也去过很多其他的公司应聘，有的公司愿意给我1万元，有的给我1.2万元，有的则给我更多，总而言之，没有低于1万元的。我想我要1万元你们应该可以接受。"人事经理一听，觉得小黄要的工资确实不高，凭他的条件，公司可以给他月薪1万元。

但是，小黄又说："不过，我到你们公司，月薪不到1万元也行，只要给我月薪8 000元，并满足下列条件，我也可以接受：在与贵公司签订劳动合同以后，贵公司一次性预支给我5个月的工资，即4万元。如果答应我这个条件，我就可以跟你们公司签三年的合同。"

人事经理听了很为难,对小黄说:"这事我做不了主,因为风险性较高。万一我们支付你4万元工资后,你不来上班怎么办?"确实,小黄之前去别的公司应聘时,也曾提出这样的条件,很多公司都不敢接受。但是人事经理比较好奇,就问小黄为什么提出这样的条件。小黄说:"因为我母亲正在住院,她的病必须马上做手术,但是我还没有凑够手术费,目前差4万元。所以我想尽快赚到4万元,让我母亲能及时做手术。否则时间稍微一长,她可能就会有生命危险。"

人事经理听完以后说:"我挺同情你,但是我决定不了,要跟总经理请示一下。"

该公司总经理也是一个孝子,而且非常爱才,看了小黄的求职简历以后,认为他很符合公司的需要,就对人事经理说:"咱们能不能冒点风险,万一他的情况是真的呢。咱们应该帮他一下,这样既做了好事,又得到一个人才,岂不是一举两得?"但是总经理又说:"不过,你再跟他商量一下,他的月薪还得再降低一些,降到5 000,我们一次性支付他8个月的工资,还是保证他能拿到4万元。我想,为了救他母亲,这个条件他也不得不答应。"

小黄听了人事经理的转述后,心里很不愿意:明明可以拿到的每月1万元工资,怎么转眼就变成5 000元了?简直难以接受。但是母亲正等着用钱做手术,没有办法,小黄无奈地同这家公司签订了劳动合同。公司也如约向他预支了8个月的工资4万元。

有了钱后,小黄母亲的手术很成功地完成了。小黄也在这家公司努力工作了一年。但是在劳动合同履行到第二年时,小黄与公司就劳动合同中的某个条款发生了争议。为了寻求法律救济,小黄来到某律师事务所,向律师咨询有关劳动合同的问题。负责为小黄提供咨询的律师听小黄叙述了劳动合同的签订过程后认为,小黄与公司之间签订的劳动合同是无效的。"为什么是无效的劳动合同?"小黄感到有点纳闷。

启示:案例中的公司在得知小黄目前遇到紧急情况急需用钱,也就是小黄因替母亲治病,急需用钱后,巧妙地利用了小黄急需解决自己家中的困难这一点,把他的薪酬降到了明显不合理的地步。小黄虽不情愿,但也不得不接受这个条件。因此,这种劳动合同在劳动争议仲裁或诉讼时,就可能被认定为是"乘人之危,使对方在违背真实意思的情况下订立"的无效合同。

三、就业协议和劳动合同的区别

就业协议与劳动合同都是与就业相关的文件,但有本质上的区别。就业协议是教育部统一印制的,由毕业生、用人单位及毕业生所在高校三方签订,是在毕业生派遣之前签订的;而劳动合同是劳动者与用人单位之间签订的关于权利义务的法律文书,受《中华人民共和国劳动法》的约束与保护，并且是在毕业生到单位报到后签订的。就业协议与劳动合同一经签订，都具备法律效力，无论是毕业生还是用人单位，都应当按照约定履行。

（一）内容不同

在毕业生就业协议当中，毕业生的义务是向用人单位如实地介绍自己的情况，并按时到用人单位报到。用人单位的义务是如实向毕业生介绍自己的情况，负责办理毕业生的有关手续。学校的义务则是负责完成有关的派遣工作，毕业生就业协议是毕业生分配的具体体现。劳动合同是劳动者与用人单位确立劳动关系，明确双方权利和义务的合同。

（二）主体不同

就业协议的主体有毕业生、用人单位、高校三方。毕业生和用人单位是人才市场上的平等主体，双方经过供需见面、双向选择而达成协议。劳动合同的主体双方则是劳动者和用人单位，用人单位和劳动者之间是管理和被管理的关系。

（三）法律依据不同

毕业生就业协议是无名合同，适用《中华人民共和国民法典》（以下简称《民法典》）、国家有关毕业生就业分配的法律法规和其他相关政策规定。这个协议一经签订，各方应严格履行，任何一方要变动这个协议，需提前一个月取得另外两方面的同意，否则按违约处理。劳动合同是有名合同，适用《中华人民共和国劳动法》《中华人民共和国劳动合同法》《中华人民共和国劳动争议调解仲裁法》等法律规范。

（四）签订时间不同

一般来说，就业协议签订在前，劳动合同订立在后。就业协议是毕业生在找工作的过程中落实用人单位后签订的，就业协议的签订在学生离校前。劳动合同是毕业生到用人单位报到后订立的。如果毕业生与用人单位在工资待遇、住房等方面有事先约定，可在就业协议的约定条款中注明，附后补充，日后订立劳动合同时对此内容应予以认可。

（五）适用的人员不同

劳动合同可以适用于各类人员。凡是中华人民共和国公民，只要有劳动能力并符合法律规定的条件，经过供需见面、双向选择，一经录用，都可以与用人单位签订劳动合同。就业协议只适用于高校毕业生。

（六）纠纷解决方式不同

毕业生因就业协议发生纠纷，任何一方均可以向人民法院提起诉讼，不能提请劳动争议仲裁。若因劳动合同发生纠纷，任何一方均可向当地的劳动争议仲裁委员会申请仲裁，当事人对仲裁裁决不服的，可以向人民法院提起诉讼；仲裁是诉讼的前置程序，如当事人就劳动争议直接向人民法院起诉的，人民法院不予受理。

毕业生吴某与单位签订了就业协议，双方未在协议中约定工资福利和工作期限，只约定违约金3 000元，吴某7月中旬持报到证到该单位报到，两天后与单位订立劳动合同，约定试用期1个月，工作期限1年，吴某在试用10天后提出解除劳动合同，单位要求吴某承担3 000元的违约责任。吴某认为他到单位报到，并订立劳动合同，则意味着就业协议已终止，而根据《中华人民共和国劳动法》规定，试用期内劳动合同一方当事人可单方解除合同，而无须承担责任。

启示：从一般协议来看，其效力始于成立，终于终止。但就业协议是在就业过程中订立的，其有一定的特殊性，就业协议从成立之日即对双方当事人有约束力，效力终止于毕业生到用人单位签订劳动合同或聘用合同之日。即就业协议的生效期限为成立之日到订立劳动合同或聘用合同之日这一段时间。违反就业协议也只可能在此期间产生，在此期间之外不存在违约情形。

第三节　社会保险的有关知识

社会保险是国家或政府通过立法的形式，采取强制手段对公民或劳动者因年老、疾病、生育、伤残、失业、死亡等社会特定风险而暂时或永久失去劳动能力、失去生活来源或中断劳动收入时的基本生活需要提供经济保障的一种制度。社会保险主要包括养老保险、医疗保险、失业保险和工伤保险等。

社会保险具有强制性的特点，就是用人单位和个人都需要缴纳费用。社会保险的作用就在于老有所养、病有所医、生有所保、伤有所疗、失有所得。也就是让你在老、病、伤、失时，能获得一定费用的补偿和救济。

一、社保项目

《中华人民共和国社会保险法》第二条规定，国家建立基本养老保险、基本医疗保险、工伤保险、失业保险、生育保险等社会保险制度，保障公民在年老、疾病、工伤、失业、生育等情况下依法从国家和社会获得物质帮助的权利。其中，基本养老保险制度包括职工基本养老保险制度、新型农村社会保险制度和城镇居民社会养老保险制度；基本医疗保险制度包括职工基本医疗保险制度、新型农村合作医疗制度和城镇居民医疗保险制度。

二、社保费率

（1）用人单位及其职工缴纳社会保险费的费率。根据《国务院关于完善企业职工基本养老保险制度的决定》（国发〔2005〕38号）、《国务院关于建立城镇职工基本医疗保险制度的决定》（国发〔1998〕44号）、《失业保险条例》（国务院令第258号）的规定，用人单位缴纳基本养老保险、基本医疗保险和失业保险的费率，原则上为本单位工资总额的20%、6%左右和2%；用人单位缴纳工伤保险费按照《工伤保险条例》（国务院令第586号）规定实行行业差别费率和浮动费率，有关费率确定按照国家相应规定执行；用人单位缴纳生育保险费的费率按照《企业职工生育保险试行办法》（劳部发〔1994〕504号）的规定执行，由统筹地区政府根据实际情况自行确定，但不得超过用人单位工资总额的1%。职工本人缴纳基本养老保险、基本医疗保险和失业保险的费率，分别为本人工资的8%、2%和1%。

基于以上指导数据，各省（市、自治区）比例有所不同，而且也会发生变化。广西壮族自治区2024年的社保缴费标准如下：

2024年，广西养老保险的个人缴费比例为8%，单位缴费比例则根据单位性质有所不同，外资单位为20%，省属单位为18%，私企单位为12%。医疗保险方面，单位缴费比例为7%，个人缴费比例为2%。失业保险的单位缴费比例为0.2%，个人缴费比例为0.1%。工伤保险和生育保险则由单位全额承担，分别为0.4%和0.85%，个人无须缴纳。

（2）参保个人缴纳社会保险费的费率。根据《国务院关于完善企业职工基本养老保险制度的决定》（国发〔2005〕38号）的规定，无雇工的个体工商户和灵活就业人员参加职工基本养老保险的缴费费率为20%，其中8%计入个人账户；无雇工的个体工商户和灵活就业人员参加职工基本医疗保险的缴费费率，按国家有关规定执行，统筹地区可以参照当地基本医疗保险建立统筹基金的缴费水平确定。

（3）城镇居民参加居民医疗保险和农村居民参加新型农村社会养老保险及新型农村合作医疗，主要采取定额方式缴纳社会保险费。

三、住房公积金

1. 住房公积金的定义

住房公积金是指国家机关、国有企业、城镇集体企业、外商投资企业、城镇私营企业及其他城镇企业、事业单位、民办非企业单位、社会团体及其在职职工缴存的长期住房储金。住房公积金包含以下五个方面的含义。

（1）住房公积金只在城镇建立，农村不建立住房公积金制度。

（2）只有在职职工才建立住房公积金制度。无工作的城镇居民、离退休职工不实行住房公积金制度。

（3）住房公积金由两部分组成：一部分由职工所在单位缴存，另一部分由职工个人缴存。职工个人缴存部分由单位代扣后，连同单位缴存部分一并缴存到住房公积金个人账户内。

（4）住房公积金缴存的长期性。住房公积金制度一经建立，职工在职期间必须不间断地按规定缴存，除职工离退休或发生《住房公积金管理条例》规定的其他情形外，不得中止和中断。它体现了住房公积金的稳定性、统一性、规范性和强制性。

（5）住房公积金是职工按规定存储起来的专项用于住房消费支出的个人住房储金，具有积累性和专用性两个特征。

2. 缴存比例

《住房公积金管理条例》规定，职工住房公积金的月缴存额为职工本人上一年度月平均工资乘以职工住房公积金缴存比例。单位为职工缴存的住房公积金的月缴存额为职工本人上一年度月平均工资乘以单位住房公积金缴存比例。职工和单位住房公积金的缴存比例均不得低于职工上一年度月平均工资的5%；有条件的城市，可以适当提高缴存比例。具体缴存比例由住房公积金管理委员会拟订，经本级人民政府审核后，报省、自治区、直辖市人民政府批准。

2021年11月24日，劳动者王某向劳动部门投诉，反映其本人在株洲某物业公司工作期间，该公司未为其办理社会保险登记缴纳社会保险费。王某多次与用人单位协商要求缴纳无果后，向劳动保障监察部门投诉。劳动保障监察部门对投诉人王某提交的证据材料进行了审查，并向王某及用人单位调查，确认王某与株洲某物业公司存在劳动关系。王某在株洲某物业公司工作期间，签署了放弃社会保险承诺书，承诺书签署后，公司以社保补贴金补偿的方式，按月向王某发放了社保补贴。株洲某物业公司和王某的行为，违反了《中华人民共和国劳动法》第七十二条的相关规定，但劳动者王某要求株洲某物业公司依法为其办理社会保险登记缴纳社会保险费的诉求合法。劳动保障监察部门在调查事实后，向物业公司下达了限期改正指令，责令物业公司限期内参加社会保险登记。物业公司经整改，为劳动者办理了社会保险登记，并缴纳了在职期间的社会保险费。

启示：一些用人单位在劳动用工管理中，采取发放社保补贴金，并要求劳动者签署放弃社会保险承诺书等方式，来逃避社会保险缴纳义务。《中华人民共和国劳动法》第七十二条明确规定："用人单位和劳动者必须依法参加社会保险，缴纳社会保险费。"这说明参加社会保险，缴纳社会保险费不光是用人单位的义务，也是劳动者的义务。对劳动者而言，社会保险具有权利义务一体的双重属性，自身权利可以放弃，但法定义务必须履行。因此，即使劳动者不想参加社会保险也是不行的，用人单位应当为职工缴纳社会保险费。

第四节　大学生就业侵权预防

随着毕业生自主就业政策的不断深入，就业市场发展不断健全，人才市场化流动日趋成熟。就业市场中出现的就业"陷阱"更加复杂、隐蔽，对劳动者的危害进一步加剧。同时，随着高校招生规模的不断扩大，就业市场中高学历求职者之间的竞争日渐白热化，大学生就业压力不断增大。为此，强化大学毕业生就业法律意识，提高其防范就业侵权的能力就显得更为紧要。大学毕业生在就业过程中尤其要关注面试、试用期以及合同签订阶段可能出现的就业侵权，做到防患于未然。

一、求职阶段的就业侵权及其预防

（一）求职阶段的就业侵权

求职阶段的就业侵权，是用人单位在劳动者应聘、面试过程中不以招聘为目的，而非法获取劳动者个人信息、财物、智力成果，以及利用劳动者进行非法活动等的侵害性活动。这类活动充分利用就业市场的严峻形势和毕业生求职、就业的急躁心态，侵害了毕业生人身、财产权益。由于载体不同，面试阶段的就业侵权可以分为传统媒介的就业侵权和信息网络媒介的就业侵权。

1. 传统媒介的就业侵权

传统媒介的就业侵权，是指劳动者在传统就业招聘途径中遭受的就业侵权。它有几种典型的表现形式：以面试招聘之名骗取各种费用；以面试招聘为名骗取个人信息；以面试考核之名骗取劳动成果；以面试招聘之名实施犯罪活动；以面试招聘之名诱骗毕业生进行非法传销。

（1）侵犯求职者隐私权的行为。用人单位为了积累人才选拔和岗位挑选的数量，往往要求毕业生留下基本信息，乃至身份证复印件等资料。毕业生为求一次面试的机会，也会不加提防地将个人信息提供给对方。这本是提高双向选择效率的有效方式，然而部分不法用人单位以招聘之名骗取毕业生信息，并非法转卖、利用这些私人信息盈利，对毕业生及其家庭造成了侵权。为此，毕业生在给用人单位提供信息时，要提高保护个人、家庭隐私的意识，防止掉入不法分子的圈套。

（2）侵犯求职者知识产权的行为。随着就业市场的竞争压力不断增大，用人单位对求职者的要求也日渐提高。求职者在入职前往往要经过专业技能、职业精神等方面的层层考核、筛选，才能得到梦寐以求的工作。然而，也有用人单位借招聘考核之名，让求职者完成各种方案、项目，并以此作为考核的基本要求，等求职者将自己的劳动成果交付之后，用人单位却以各种理由拒绝聘用求职者，骗取其劳动成果。

（3）侵犯求职者人身、财产权的行为。以面试招聘之名实施犯罪活动，是指不法分子利用手机短信、招聘广告等方式发布待遇优厚、工作环境优美的招聘信息，以诱骗求职者。当求职者前往应聘，便利用各种条件对求职者进行诈骗、抢劫等犯罪活动。大学毕业生要谨慎分析处理各种就业信息，对于通过非正常渠道获取的就业信息要高度警惕。

（4）诱骗求职者从事非法传销的行为。非法传销，是指组织者或者经营者通过发展人员，要求被发展人员发展其他人员加入，对发展的人员以直接或间接滚动发展人员的数量为依据，计算和给付报酬。非法传销往往以同学、亲戚、老乡等关系为幌子，以"代理""专卖""联盟"为主要形式，以高回报为诱饵，骗取大学毕业生进行非法传销活动。大学毕业生一旦被骗上当，即被要求缴纳一定数额的费用购买传销产品，进行非法的传销活动。大学毕业生在面对优厚的工作待遇、熟络的人际关系时要保持清醒，时刻警惕，以防掉入非法传销的陷阱之中。

2. 网络媒介的就业侵权

网络媒介的就业侵权，是指不法分子利用互联网虚构优越的招聘信息，诱骗求职者应聘，并运用各种手段侵害求职者人身、财产安全的活动。

网络求职在给求职者带来便利的同时，也给一些不法分子提供了可乘之机。受害者由于缺乏社会经验和自我保护意识，被不法分子骗取钱物。大学毕业生，作为应用网络求职最活跃的一个群体，应该增强自我保护意识，防止被侵害。大学毕业生在利用网络进行求职的过程中，要通过正规的招聘网站获取招聘信息，还要通过登记等方式核实用人单位的相关信息，并且切记不可将个人的信用卡、银行卡等信息透露给对方。

（二）求职阶段就业侵权的预防

求职阶段，是大学生走出校园后与社会的第一次亲密接触。迫于严峻的就业形势，囿于陌生的社会规则，曾经的天之骄子在此时变得迷茫、自卑，无法以正确的心态去面对用人单位的种种面试要求，甚至出现了"权利失声"的现象。在面试阶段，大学生应从以下几方面保护自身权益。

第一，做好面试准备，以不卑不亢的心态面对用人单位的面试考核，理性分析用人单位的各种要求，做出符合自身利益的选择。

第二，树立权利保护意识，在积极寻找工作机会的过程中注意保护个人的人身和财产权利，切忌轻易将个人的私密信息和智力成果提供给他人。

第三，学习人身财产安全防护知识，学会利用网络，学会正确分辨就业信息陷阱，防止掉入犯罪分子的就业圈套。

二、试用期阶段的就业侵权及其预防

（一）试用期阶段的就业侵权

试用期阶段的就业侵权，主要是指滥用试用期间的法律规定，侵害劳动者的合法权益。它的表现形式包括试用期不录用、试用期不签订劳动合同、任意延长试用期、试用期违法收取担保金等。试用期是劳动合同法规定的，劳动关系双方当事人进行相互熟悉、相互了解的时间，理应纳入劳动合同的期限内。试用期应当签订劳动合同，并在劳动合同中由双方协商确定试用期的期限。同时，根据我国劳动法及相关法律规定，禁止用人单位以任何形式、理由扣留劳动者的身份证件或者收取抵押金。大学毕业生应当明确，试用期是劳动合同约定期限的一部分，试用期劳动者的合法权益受法律保护。

根据《中华人民共和国劳动合同法》第十九条、第二十条的规定，劳动合同期限三个月以上不满一年的，试用期不得超过一个月；劳动合同期限一年以上不满三年的，试用期不得超过二个月；三年以上固定期限和无固定期限的劳动合同，试用期不得超过六个月。同一用人单位与同一劳动者只能约定一次试用期。以完成一定工作任务为期限的劳动合同或者劳动合同期限不满三个月的，不得约定试用期。试用期包含在劳动合同期限内。劳动合同仅约定试用期的，试用期不成立，该期限为劳动合同期限。劳动者在试用期的工资不得低于本单位相同岗位最低档工资或者劳动合同约定工资的80%，并不得低于用人单位所在地的最低工资标准。

（二）试用期阶段就业侵权的预防

试用期阶段是就业侵权的高发阶段，一些用人单位往往利用劳动者对工作的渴求和对试用期规定的误解骗取劳动者的廉价劳动甚至财物。为此，大学毕业生应该从以下几方面入手，预防自身权益被不法行为侵害。

第一，要明确试用期的相关法律规定，竭力促成劳动合同的签订，保障自身合法权益。

第二，辨别招聘信息的真实性，对于带有"试用期无工资，转正后待遇从优""缴纳保证金、风险抵押金"以及"扣留身份证件"等内容的招聘信息要高度警惕。

第三，发生权益被侵害的情况时，要积极面对，主动寻求法律途径予以解决。

三、实习阶段的"工伤"侵权及其预防

（一）实习阶段的"工伤"侵权

1. 实习阶段毕业生的身份认定

实习阶段，是指毕业生在正式毕业之前，因学习、就业需要，参与用人单位生产实践，直至领取毕业证书毕业之日期间的统称。在实习阶段，大学生与用人单位的法律关系因具体情况不同而不同。其大致可以分为两类，即劳动关系和雇佣关系。

当毕业生与用人单位签订书面劳动合同，对双方的权利义务进行明确约定时，根据《中华人民共和国劳动合同法》规定，双方之间的关系应认定为劳动关系。此时，毕业生应当同时具备劳动者与学生的身份，且两种身份互不冲突，毕业生可以充分享有劳动者应有的权利和义务。

2. 实习阶段毕业生"工伤"的认定及处理

实习阶段，毕业生因为工作原因发生人身伤害事故的，应根据大学生的身份及伤害事故具体情况，对伤害事故及其责任进行认定。如果双方存在劳动关系的，那么可以根据《工伤保险条例》认定为工伤，并依据其进行工伤赔付。如果双方存在雇佣关系的，根据《最高人民法院关于审理人身损害赔偿案件适用法律若干问题的解释》第十一条规定，用人单位应当承担人身损害赔偿责任。

（二）实习阶段就业侵权的预防

实习阶段，毕业生应当注重自身权益的保护，注意保存可以证明与用人单位存在实际用工关系的证明材料，如工资卡、工作证、考勤记录等。毕业生主动与用人单位签订劳动合同，不能签订劳动合同的也要尽力签订实习协议。在签订实习协议时可以对以下事项进行重点约定。

第一，实习期内实习时间的约定。实习生可约定每日不超过 8 小时，如确因特殊情况超过 8 小时的，实习生有权要求实习单位参照加班工资的计算方式支付报酬。

第二，实习过程中实习生发生伤亡的处理。从实习生权益保护角度出发，可以由学校或者实习生本人与实习单位约定发生伤亡事故的，由实习单位比照工伤保险待遇的标准支付伤亡待遇，以避免法律依据缺失导致实习生权益受损。

第三，还可以约定实习生在实习期知识产权归属、实习补助等问题，以及发生一些简单纠纷的处理方式，包括协商及诉讼等。

四、协议、合同签订阶段的就业侵权及其预防

（一）协议、合同签订阶段的就业侵权

协议、合同签订阶段的就业侵权，是指用人单位在与劳动者签订协议、劳动合同时，利用劳动者对相关法律认识的盲点，设计劳动合同的内容，通过侵害劳动者的相应权益使其自身获取更多的利益。劳动合同订立阶段的侵害形式主要包括口头协议、语词模糊、格式条款、免责条款等。

用人单位与劳动者订立劳动合同，应当遵循平等自愿、协商一致的原则确定劳动合同的内容。但是，实践中用人单位往往处于优势地位，劳动者在没有充分表达自己意思，尚未弄清格式合同的内容时，便草草签订了劳动合同。而用人单位在制定合同范本时，只关注自身利益，违法规定一些"霸王条款"，侵害劳动者合法权益。根据《中华人民共和国劳动合同法》第二十六条规定，这些"霸王条款"是无效的，劳动者可以请求劳动争议仲裁机构或人民法院确认其为无效。

在特定的危险岗位上，用人单位为逃避法律责任，经常在签订劳动合同时，强求应聘者接受合同中违反法律规定的免责条款，以期在发生伤亡事故时以最小的代价处理相关问题。根据《中华人民共和国劳动合同法》第二十六条的规定，类似案例中的免责条款是无

效的，劳动者一旦与用人单位发生类似纠纷，可以诉诸法律，求得法律救济。

用人单位在与劳动者订立劳动合同时，应该充分保障劳动者休息休假的权利。根据《中华人民共和国劳动法》第三十六条至第四十三条的规定，劳动者每日工作时间不超过八小时，平均周工作时间不超过四十四小时；用人单位应当保证劳动者每周至少休息一日，并保证劳动者在法律法规规定的节假日进行休息；用人单位应当保障劳动者的身体健康，严格控制加班时间。根据《中华人民共和国劳动法》第四十四条规定，用人单位安排劳动者加班的，应当支付加班工资；安排劳动者延长工作时间的，支付不低于工资的150%的工资报酬；休息日安排劳动者工作又不能安排补休的，支付不低于工资的200%的工资报酬；法定休假日安排劳动者工作的，支付不低于工资的300%的工资报酬。根据《中华人民共和国劳动法》第四十五条规定，劳动者连续工作一年以上的，享受带薪年（休）假。

（二）协议、合同签订阶段就业侵权的预防

协议、合同签订阶段就业侵权，主要体现在口头合同、单方合同、格式合同、生死合同、卖身合同以及"双皮合同"等违法合同及条款的签订上。大学毕业生在签订劳动合同的过程中，应该从保护自身利益，避免发生劳动争议的角度出发，仔细审核劳动合同内容，审慎签订劳动合同。为此，大学毕业生应该从以下几方面入手，签订一份能够保障自身权益的劳动合同。

第一，要查明用人单位信息，确保用人单位具有相应的用人资格。当无法确认用人单位是否具备用人资格时，可以查询用人单位工商登记等情况予以佐证。

第二，签订合同时约定内容一定要清楚明确，用词切忌模棱两可。对于工资、福利待遇、劳动保障等内容一定要做到定性、定量，防止出现歧义的表述。

第三，仔细审核合同样本中的统一性约定。发现不适合自己的要及时提出，协商变更相应的内容。

第四，认真审阅劳动合同中的每一项条款以及附件的条款，发现"霸王条款""免责条款""违约金条款"时要仔细斟酌。要确认这些条款的合法性，以及自身的接受程度，不可委曲求全，囿于就业压力而盲目牺牲个人合法权益。

第五，及时签订书面劳动合同。签订的书面劳动合同应该是唯一确定的，不可迫于压力与用人单位签订多份内容不同的劳动合同。

小刘是某职业学院2016届毕业生，2016年4月，小刘与某软件公司达成就业意向，小刘、学校、软件公司三方签订了《全国普通高等学校毕业生就业协议书》，协议约定小刘在规定时间到公司报到，同时约定第1年为见习期，服务期为3年，未按规定完成服务期的，每相差1年支付10 000元违约金，不满1年按1年计算，双方权利义务以报到后签

订的劳动合同为准。

2016年7月10日，公司与小刘签订了一份劳动合同，期限4年，并规定了3个月的试用期。不久小刘发现公司的管理与经营与自身发展相左，认为自己不适合继续在公司工作。于2006年8月15日向公司提出辞职，公司不予办理解除劳动合同手续，并要求小刘支付4万元违约金。

小刘认为，自己依据相关法律规定，在试用期提出解除劳动合同，公司没有理由不予办理解除劳动合同的相关手续，并要求其交违约金。公司认为，小刘是高校毕业生，其劳动合同产生的基础是"就业协议"，要解除劳动合同，前提是要解除"就业协议"，故而要先承担违反协议的相关责任，因此要求小刘支付违约金。

劳动争议仲裁委员会认为，小刘与公司通过双向选择，签订的"就业协议"中关于服务期限的规定，与国家法律法规不相抵触，视为合法有效。小刘在服务期限内提出解除劳动合同符合法律要求，但其解除劳动合同的行为属于违反服务期约定的行为，应当承担违约责任。最后裁定，小刘赔偿公司40 000元，公司在收到违约金30日之内为小刘办理人事档案转移手续。

小刘对该裁定不服，向法院起诉。法院认为，《中华人民共和国劳动法》的适用范围是中国境内的企业、个体经济组织和与之形成劳动关系的劳动者。劳动合同是劳动者与用人单位确立劳动关系，明确双方权利义务的协议。因此，就业协议中服务期限条款与劳动合同冲突时，应以劳动合同为准。《中华人民共和国劳动法》规定，在试用期，劳动者可以随时解除劳动合同。因此，小刘的行为不构成违约，公司有义务协助小刘办理相关手续。最后，法院判决解除双方劳动合同，公司于判决生效之日起10日内办理好小刘的人事档案、户口材料转移手续。小刘支付公司招收录用所实际支付的费用。

防骗口诀

口诀一：千万不要

不要把身份证、驾驶证、印鉴交给未就职的企业、公司。不管什么理由，都不要留下重要的证件，如身份证、驾照、户口簿等，更不要随便签名盖章。

口诀二：一定要

劳保医保不可少。为了保险起见，订立书面契约是比较安全妥当的。

口诀三：防失身

不要轻易前往有些怪异的面试地点。女服务生、女伴游、女导游、纯伴游、女接待等，这类极有可能是掩人耳目的伪装陷阱，女学生宜多注意。

口诀四：防色情行业

"诚征公关小姐，年轻貌美者佳，月入数万，待遇优，免经验。"对"月入数万""免经验"的工作就要多加留意。对工作的内容和地点，也要反复询问清楚，留意对方言辞闪烁、含糊而过的部分，毕竟很少有正规工作是免学历、免经验而又收入高的。

口诀五：防骗术

对利用电话或信箱号码征才，不敢公开公司名称和地址的，要特别小心。对民营职业介绍所，最好查证它是否登记，是否合法立案。当事先以电话联络，在前往应征时才知道是一家民营职业介绍所时，不妨假装是路过来询问状况的人，以便对该公司的服务有进一步的了解。

口诀六：防非法工作

遇到将工作性质交代得很模糊的企业，要当心可能是"挂羊头卖狗肉"的不良企业。发布"月入数十万""高薪"等征才广告的有可能是一些不良的推销行业，它们用快速致富的赚钱法吸引人加入，遇到此种广告要仔细分辨。

第五节　毕业生的就业权益保护

一、就业协议对毕业生权益的保护

就业协议本质上是一种合同，它是由毕业生与用人单位之间以平等的身份签订的确立双方权利与义务的协议。就业协议反映的是一种民事法律关系，签订协议是一种民事行为，要想使这种民事行为成为民事法律行为，就必须遵循民法的具体规定。

（一）在订立附加条件的就业协议时，应重视备注

大学毕业生与用人单位签订的就业协议与报到后签订的劳动合同都是双方法律行为、双务法律行为、有偿法律行为、诺成性法律行为。如果协议中附带有特殊的条件，如住房待遇、科研待遇等，这种协议又称为附加条件的法律行为。就业协议及附加条件必须以书面的形式由双方签订。在具体就业过程中，毕业生签完主协议后，对附加条款不进行文字注明和双方签字，只接受口头承诺，这是非常不可取的。当毕业生进入工作单位，口头承诺得不到兑现时，毕业生的合法权益就得不到有效保护。

（二）签订就业协议的违约责任形式

签订就业协议的违约责任形式有以下几种。

1. 继续履行的责任构成形式

继续履行的责任构成形式又称强制履行，是指在违约方不履行合同时，由法院强制违约方继续履行合同债务的违约责任方式。其构成要件如下。

（1）存在违约行为；

（2）必须有守约方请求违约方继续履行合同债务的行为；

（3）必须是违约方能够继续履行合同。

基于此规定，在签订就业协议后，如果毕业生与用人单位就是否按照约定聘用产生违约行为，一方可要求违约方按照就业合同约定继续履行协议规定，按原来计划进行聘用。

2. 赔偿损失的责任构成形式

赔偿损失的责任构成形式即债务人不履行合同债务时依法赔偿债权人所受损失的责任。赔偿损失是指金钱赔偿，既包括实物赔偿，也限于以合同标的物以外的物品予以赔偿。其责任构成如下。

（1）违约行为；

（2）损失；

（3）违约行为与损失之间有因果关系；

（4）违约一方没有免责事由。

如果毕业生与用人单位一方违约，则应赔偿对方损失，一般的变现形式为支付一定的违约金。违约金责任，又称违约罚款，是由当事人约定的或法律直接规定的，在一方当事人不履行合同时向另一方当事人支付一定数额的金钱，也可以表现为一定价值的财物。

3. 就业协议违约金责任的构成

（1）一方有违约行为发生，不按照原来约定聘用或应聘，至于违约行为的类型，应视当事人的约定或法律的直接规定而定；

（2）原则上要求违约方有过错，或者是故意，或者是过失；

（3）违约金约定的无效情况即订立的就业协议无效，违约金的约定也无效。

（三）就业协议违约责任的归责原则

根据《中华人民共和国民法典》第五百七十七条关于"当事人一方不履行合同义务或者履行合同义务不符合约定的，应当承担继续履行、采取补救措施或者赔偿损失等违约责任"的规定，可以看出《中华人民共和国民法典》采取了严格责任原则，即当事人一方只要有违约事实，就要向对方承担违约责任，而不论其主观心态，即用人单位和毕业生一方只要违约，则应承担违约责任，而不问其是故意还是过失。签订就业协议只要一方违约，不论其主观心态如何，均应承担违约责任。

（四）签订就业协议违约的免责条件与免责条款

免责条件即法律明文规定的当事人对其不履行合同不承担违约责任的条件。我国法律规定的免责条件主要有以下两点。

（1）不可抗力。《中华人民共和国民法典》第五百九十条规定，当事人一方因不可抗力不能履行合同的，根据不可抗力的影响，部分或者全部免除责任，但是法律另有规定的除外。当事人迟延履行后发生不可抗力的，不免除其违约责任。本法所称不可抗力，是指不能预见、不能避免及不能克服的客观情况。在签订就业协议后，一方因为不可抗力的原因而违约，不承担违约责任。

（2）根据大学毕业生就业的有关规定，已与用人单位签订就业协议（合同）的应届大学毕业生，在毕业离校前升学、入伍或被录用为国家公务员的，不视为违约，用人单位不得收取违约金。所以，如果考上本科、公务员、参军，都可以和用人单位解除合同关系。

二、毕业生就业主管部门的保护

毕业生就业主管部门可通过制定相应的规则来确定毕业生的权益，并依据国家的法律和政策规定对侵犯毕业生权益的行为予以抵制或处理。例如，对不履行就业信息公开登记手续，侵犯毕业生获取信息权的单位，省毕业生就业主管部门对其上报的协议书不予验证、不予审批就业方案和打印就业报到证；严重者将取消其录用毕业生的资格。保护毕业生的合法权益不受侵犯，对就业主体双方存在的争议和违约等问题进行协调处理，直至仲裁。

此外，根据我国有关毕业生政策的规定，毕业生以及签约诸方应信守诺言，自觉维护毕业生就业秩序，严格遵守国家有关规定和学校就业政策。继续升学、自费出国留学、就业以及不就业等各种去向，一经确定，有关各方不可随意改动。如有特殊情况需要变更，须征得签约诸方的书面同意和谅解，并经院（系、所、中心）报学校学生就业指导服务部门审批，经审批同意后，提出变更的一方应承担违约责任，并向学校缴纳违约金。

三、学校的保护

学校对毕业生权益的保护最为直接。学校可通过制定各项措施来规范毕业生的就业指导和就业推荐，对于用人单位在录用毕业生过程中的不公平、不公正行为，学校有权予以抵制，以维护毕业生的公平受录用权。学校在毕业生签订就业协议的过程中应进行监督和指导。对于用人单位与毕业生签订不符合国家有关政策规定的就业协议，学校有权拒签，未经学校审核同意的就业协议不能作为编制就业方案的依据。

四、毕业生签订劳动合同后的法律保护

毕业生权益保护的另一个重要方面就是毕业生签订劳动合同后的法律保护。毕业生应了解目前国家和省、市关于毕业生就业的有关方针、政策和规则，熟悉毕业生在就业过程中的权利和义务，这是毕业生权益自我保护的前提。毕业生应自觉遵循有关就业规则，接受其制约，保证自己的就业行为不违反就业规则，不侵犯其他毕业生和用人单位的合法权益。根据《中华人民共和国劳动法》及《中华人民共和国劳动合同法》的有关规定，毕业生在签订劳动合同后发生劳动争议的，应注意以下法律事宜。

（一）毕业生与用人单位发生劳动争议的原因

（1）因确认劳动关系发生的争议；

（2）因订立、履行、变更、解除和终止劳动合同发生的争议；

（3）因除名、辞退和辞职、离职发生的争议；

（4）因工作时间、休息休假、社会保险福利、培训以及劳动保护发生的争议；

（5）因劳动报酬、工伤医疗费、经济补偿或者赔偿金等发生的争议；

（6）法律法规规定的其他劳动争议。

（二）发生劳动争议后，当事人双方可以协商解决，也可以直接向劳动争议调解委员会申请调解

当事人申请劳动争议调解，可以书面申请，也可以口头申请。口头申请的，调解组织

应当当场记录申请人的基本情况、申请调解的争议事项、理由和时间。调解劳动争议，应当充分听取双方当事人对事实和理由的陈述，耐心疏导，帮助其达成协议。经调解达成协议的，应当制作调解协议书。调解协议书由双方当事人签名或者盖章，经调解员签名并加盖调解组织印章后生效，对双方当事人具有约束力，当事人应当履行。自劳动争议调解组织收到调解申请之日起 15 日内未达成调解协议的，当事人可以依法申请仲裁。

（三）毕业生与用人单位发生劳动争议后申请仲裁的程序

毕业生与用人单位发生劳动争议后应向劳动争议仲裁委员会提交仲裁申请。仲裁申请人应当提交书面的仲裁申请，并依照被申请人的数量提交副本。申请书应载明法定内容，包括：

（1）劳动者的姓名、性别、年龄、职业、工作单位和住所，用人单位的名称、住所和法定代表人或者主要负责人的姓名、职务；

（2）仲裁请求和所依据的事实、理由；

（3）证据和证据来源、证人姓名和住所。

书写仲裁申请确有困难的，可以口头申请，由劳动争议仲裁委员会记入笔录，并告知对方当事人。仲裁委员会在收到申请后 5 日内做出是否受理的决定，不予受理或 5 日内不做出任何答复的，申请人可向人民法院起诉。决定受理的，应当制作受理决定并送达申请人，并在受理后 5 日内将申请书副本送达被申请人。被申请人应当在 10 日内提交答辩书，若不提交答辩书的，不影响案件的仲裁。

（四）毕业生与用人单位发生劳动争议后申请仲裁的时效

劳动争议申请仲裁的时效期间为一年。仲裁时效期间从当事人知道或者应当知道其权利被侵害之日起计算。毕业生与用人单位发生劳动争议的诉讼时效因当事人一方向对方当事人主张权利，或者向有关部门请求权利救济，或者对方当事人同意履行义务而中断。从中断时起，仲裁时效期间重新计算。因不可抗力或者有其他正当理由，当事人不能在规定的仲裁时效期间申请仲裁的，仲裁时效中止。从中止时效的原因消除之日起，仲裁时效期间继续计算。此外，法律还规定，劳动关系存续期间因拖欠劳动报酬发生争议的，劳动者申请仲裁不受一年的仲裁时效期间的限制；但是，劳动关系终止的，应当自劳动关系终止之日起一年内提出。根据法律规定，劳动争议发生后，必须经过仲裁，一方对仲裁结果有异议的可以向人民法院提起诉讼。

案例分析与讨论

【案例一】

毕业生林某与一家化工企业经面试达成就业意向，双方同意订立就业协议。林某为图方便，要求学校先在空白的就业协议上加盖鉴证意见书，然后自己也在协议书上签字，手持协议到用人单位签约。一到该企业，企业人事部以单位内勤人员请假在家为由，要求林某将学校已鉴证、其本人已签名的空白就业协议留在该企业，要林某第二天来取。待第二天林某去取就业协议时，他目瞪口呆，原来该单位在就业协议中增加了若干不利于林某的条款。而此时学校、单位、林某均已在协议上签名或盖章。

【案例思考与讨论】

为什么毕业生林某的权益会受到侵犯？就业协议正常的签订程序应该是怎样的？

【案例二】

毕业生丁某想继续升学深造，于是在毕业当年报考了"专升本"。1月份参加专升本考试后，结果要到4月才出来，因此丁某又不敢放弃找工作的机会。2月下旬一家电力施工单位来学校招聘，丁某参加面试并被录用，丁某如实告诉该单位自己"专升本"的情况，用人单位表示理解，于是双方在就业协议中约定：如丁某考上本科，该协议解除。后丁某被一所大学录取，他与该单位的就业协议按约解除。

【案例思考与讨论】

为什么丁某毕业后继续深造却不用赔偿用人单位？丁某的案例给了我们什么启示？

课堂探索活动

（1）观看学习通视频案例，分析常见的就业侵权行为。

（2）分组讨论"如果我就业时受到侵权该怎么办"，教师对学生代表的发言进行点评总结。

课后任务

（1）大学生的就业权益有哪些？我们应当怎样维护自己的就业权益？

（2）就业协议书和劳动合同有什么区别？

（3）什么样的人容易陷入就业陷阱？防范就业陷阱的方法、策略与心理是什么？

第六章 职业适应与职业发展

> **教学目标**

知识目标：了解职业适应的定义、高职毕业生职业适应的特点；理解职业适应的阶段、任务。

能力目标：能应对职业适应常见问题，顺利度过职业适应期；能不断提升职场竞争力。

素质目标：掌握在职业初期及试用期的相关应对策略、方法和技巧，同时通过小组任务"职业适应访谈"，观看视频和课外讨论，培养谦虚、勤奋的品质。

> **知识内容框架图**

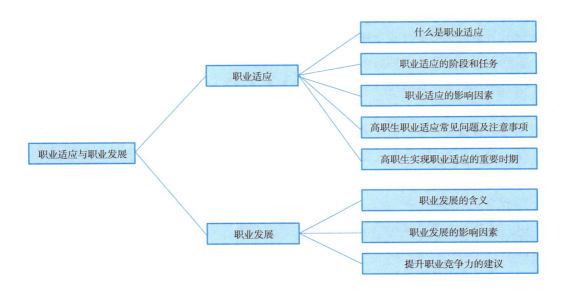

学习任务流程图

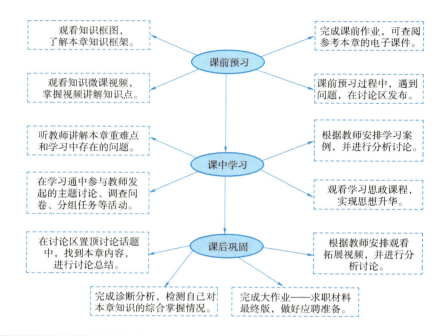

课前小组实践活动作业

职业适应访谈

1. 访谈对象：访谈在专业对口岗位实习或者已工作 3 年的师兄师姐

2. 访谈问题

（1）目前的工作单位属于什么类型？工作岗位是什么？

（2）初入职花了多长时间适应自己的工作？

（3）初入职在适应的过程中遇到的主要困难是什么？你是如何克服这些困难的？

（4）初入职选择哪个岗位能学到更多东西？为什么？

（5）初级岗位通常薪资范围是怎样的？

（6）所在岗位后续的发展空间如何？

（7）可以给即将实习的学弟学妹哪些建议？

3. 作业成果要求

（1）成果形式为视频并配有字幕。

（2）作品的时长为 3~5 分钟。

（3）建议先将访谈问题发给访谈对象，让对方提前了解和思考。

（4）可以访谈 1~3 位对象。

（5）除固定访谈问题，在访谈时还可以灵活增加与职业适应相关的其他问题。

第一节 职业适应

一、什么是职业适应

（一）职业适应的定义

职业适应是指个体与某一特定的职业环境进行互动，对自身的职业角色、能力、态度、价值观及人际关系进行评估并不断做出调整以达到和谐的过程。职业适应的内涵包含职业角色适应、人际适应、学习和技能适应、职业认知适应、职业环境适应。职业角色适应是指个体在由学生角色转变为职业角色时所应具备的职业素养和准备心态。人际适应是指个体在职业生活中所具备的人际协调和交往能力。学习和技能适应是指个体能否在较短时间内掌握职位所需知识技能并快速运用到其中的能力。职业认知适应是指个体是否对符合自身特点的职业有较明晰的认知度。职业环境适应是指个体能否较快适应、接纳职业环境的能力。

职业适应究其实质来说，是一种职业能力，它是个体与某一特定职业环境交互作用的产物。职业适应能力是指个体为满足环境变化需求而改变行为、态度和想法的意愿和能力，也是从学生角色到职业角色进行转换的过渡能力，是高职生在新的职业环境中明确自我定位，用新的职业角色去完成所从事职业的职业要求，在职业环境中实现个人职业愿景的综合能力。有学者认为职业适应能力包含计划性、职业探索行为、信息搜集、职业决策以及现实取向等要素；也有学者认为职业适应能力包括职业规划能力、工作环境适应能力、人际交往适应能力、心理适应能力等。职业适应能力具体表现为职业环境适应快慢，能否在工作中顺利地展示自我，提高自我。

（二）高职生的职业适应情况

1. 高职生职业适应的基本情况

有研究者采用"霍兰德职业适应性测验"对水利类职业院校学生进行调查，发现高职生对职业适应有所了解，但适应能力不强。

首先，在工作环境适应能力方面。据调查了解到，关于"是否了解并能够接受职场的处事规则""在实习期间，是否能够完成从学生角色向职业角色的转换""在实习期间，能否根据自己对工作环境的认识改变自身行为"等问题，35.8%的学生反映，曾接触到和职场规则方面相关的知识，对职场规则有所了解，但是在实习期间，依旧觉得自己还是名学生，对于如何从学生转变为员工存有疑虑。还有15.9%的学生反映，在实习期间更加体会到水利类工作的不易，有时面对枯燥且繁杂的工作会产生疲倦感，在工作上也会出现差错，但是在"师傅"的指点下，能够做到及时改正。由此可以看出：电力类高职生对职场规则有一定的认识，但是只停留在认识层面，还未能快速地完成角色转换。另一方面，由于电力类职业的特征，决定了其从业人员需要具备吃苦耐劳、严谨细致的工作态度。学生从学校环境过渡到工作环境这一过程中，凸显出其工作环境适应能力不强等问题。

其次，在人际交往适应能力方面。针对"是否能够待人随和，对别人的错误予以容忍""是否能够清楚地向别人介绍自己（如性格、特长、兴趣等）""是否能够主动地和他人进行交流""在实习期间，是否需要经历很长时间才能与同事相处融洽"等问题。45.7%的学生反映，基本上能够做到主动与他人进行交流，也能够委婉地指出他人的错误，但是不太擅长向他人介绍自己的具体情况，通常是在他人询问后自己做出应答。70.2%的学生（大三）反映，在实习期间，通常是和一起参加实习的同学联系比较紧密，和其他同事的相处还需要经历一段时间。由此能够看出：电力类高职生在人际交往方面，还不能主动向他人推介自己，以便和同事尽早建立起融洽和谐的人际关系。

最后，在心理适应能力方面。对于"在求职时，屡遭拒绝是否会让你灰心丧气""在实习时，面对领导的指责，是否会陷入消极情绪""凭借自己的专业知识和能力，是否能够找到对口的合适的工作""在求职时，遇到困难时是否会选择逃避"等问题。不少学生表示，如果一开始求职就屡遭拒绝，势必会影响到自己找工作的热情；面对领导的指责，起初可能较容易产生消极情绪，但是经过一段时间的磨炼可能会有所好转。有学生向教师透露，由于目前社会的就业形势比较严峻，对于自己是否能够找到满意的工作表现出焦虑。有教师指出，通过对学生平时的观察和了解，部分学生在面对学习上的困难时，往往会产生逃避心理，对于出现的问题置之不理。此外，从对问卷的统计数据上看，有10.3%的学生决定放弃从事与本专业相关的工作，有34.6%的学生认为就业压力大，有13.2%的学生不满意现状（工作、学习、环境等）。

此外，从企业的反馈中能够得出，尽管在岗学生的职业素质和职业技能水平较高，但仍存在高职生的工作热情持续时间短、自主独立意识强、团队意识较弱、责任意识和岗位意识有待提升等问题。

2. 高职生职业适应的性别差异

研究发现，男女生在总体职业适应性上存在差异，在职业环境适应、职业技能适应等方面，均表现出男生显著高于女生的情况。从社会角度分析，由于历史的惯性、封建思想观念的根深蒂固、性别歧视等原因使女性地位相对较弱。从企业自利角度看，许多用人单位认为女性生育问题会影响工作，给企业带来经济损失，因此往往不愿招用女性，这也是造成女性在就业中处于相对弱势地位的主要原因。在职业环境适应性方面，由于受传统文化的影响，女性在职业环境中处于相对弱势的地位，她们往往将更多的精力投入在家庭方面，这就造成了其在胆量、成就动机、承受力等素质上与男性相比处于相对的弱势地位。

这在一定程度上影响着女高职生对职业环境的认识。因此，女高职生对能否适应职业环境表现出更多的不自信。在学习与技能适应性方面，由于高中及大学阶段，男生的机械操作能力、空间能力、数学运算能力等在标准化测验上均优于女生，因此，在受这些能力影响的学习与技能适应性方面，男生必然要优于女生。

3. 高职生职业适应的担任职务差异

研究发现，在职业选择、职业心态、学习及技能方面担任过职务和没有担任过职务的学生表现不同。原因主要有：一方面，担任过干部的高职生参加的活动较多，获得锻炼的机会要多于没有担任过干部的高职生，因此对自己的人格特征、能力等方面有更好的了解，职业方向的选择比较清晰；另一方面，学生干部有较强的交往愿望和乐群倾向，比较热情、外向，能更积极地参加或组织社团活动，合作与适应的能力较强，与同年级的普通学生相比，学生干部在具体事务和社会活动上更加主动、自制力更高，紧张性和压力感更低，更能沉着应付工作中的复杂局面，甚至挫折情境。

二、职业适应的阶段和任务

（一）职业适应的阶段

一般来讲，学生的职业适应期可以分为以下四个阶段。

1. 困惑压抑阶段

职业的学习与职业角色行为之间存在着各种差异，尤其是从学校到社会这一转折是人生的一个重大转折。在这个转变的最初阶段，往往是兴奋与困惑交织在一起。尤其是期望与实际职业差距过大的情况下，容易产生对职业角色的困惑。这种困惑会导致心理上的压抑，为了摆脱这种压抑，人们常会采用缩小距离的方法，竭力寻找当前与过去之间的共同点，从而保持心理平衡。这是一种自我保护的行为，是一个必要的调整阶段。

2. 接受现实阶段

随着对职业活动的认识不断加深，从业者对具体的职业活动已经有了一定的感性经验，逐渐接受现实，心理上的压抑也逐渐减弱，并开始刻意学习职业行为，努力进行角色认同，主要集中在三个方面：第一，我怎样才能接受这种环境？第二，人们认为我应有什么样的行为？第三，我在这一环境中要求得到什么？通过对这三个问题的确认，逐渐学会正确处理自己与职业之间的矛盾。

3. 调整尝试阶段

在积累了一定的经验之后，开始寻找突破点，以利于自我价值的体现。因此，从业者从全方位比较深刻地认识所从事的职业活动并把主要的精力放在工作上。

4. 适应阶段

在这一阶段，从业者通过对职业和新环境与自己的志愿不断调节，而逐渐适应职业活动，可以把自己所有的能力发挥出来，并充分利用环境所给予的各种便利条件来展现自己的才华，能够胜任工作，具有成就感和自豪感。

（二）职业适应的主要任务

职业适应的主要任务就是从"校园人"转变为"职场人"，高职生从校园走向职场，表面上看已经实现了角色转换，实际上尚未成为一个真正的职业人。只有成为一个真正的职业人，才意味着角色转换和职业适应的成功。高职生人际关系相对简单，相处比较感性，长期的学校生活易使高职生具有较强的依赖心理和被动心态。走入职场后，这一切都要面临转换。

高职生要实现从一个"校园人"到"职业人"的角色转变，必须完成以下五个方面的转换任务。

1. 由个人向团队转换

一个没有集体的人是孤独的，而比这更孤独的是生活在集体中却和所在的集体格格不入。所以作为一个新人，从踏入一个团队的那一天起，就必须明白这样一个道理：一个新人的到来，前提条件就是要做一个适应并增强这个集体战斗力的重要部件，而不是独来独往的孤胆英雄。在校园里，高职生可以根据自己的意愿生活学习，相对比较独立，但成为职业人后，工作单位强调统一的文化、规范、标准、流程等，个人的意愿必须遵从于企业集体的要求和团队的价值取向。企业是由个人组成的，但更强调集体的力量和良好的团队协作精神。高职生在校期间，奖项荣誉多数是根据个人的表现评定的。而到了工作单位，多以团队的表现进行绩效考核。因此，高职生从学生角色向职业角色转换须树立集体意识，由个人向团队转换。

（1）高职生走上工作岗位，首先要了解并认同企业文化中的各种相关制度，如新员工培训制度、新员工职业发展计划以及试用期考核办法等，以便尽量用集体文化中的进步精神来同化自己的言行，使自己尽快与环境相适应。

（2）企业制度和文化的构建者一般是该公司的主要领导，不遵守规章制度，实际上就是对领导不尊重。因此，自觉渗透到企业中，领悟制度的精髓，实际上是对企业领导的个性、管理方式和文化取向的了解。

（3）快乐地与同事相处，当然不是像万金油那样四处拉关系，而是要多听、多看、多学，以谦虚诚恳的态度向团队里经验丰富的同事请教，适时适度地展现自己的知识，并尽可能地做他们的帮手，乐于给他们当助手，以赢得同事的认同。下班后主动与同事接触，积极参加单位组织的业余活动，在交流中让同事了解自己的为人和性格，增进同事的感情，缩短与同事的距离，尽快融入团队。

小高毕业后应聘到一家中外合资企业当技术员，他入职后就被分配到一个班组，跟着

其他老师傅一起工作。他发现进入的是一个完整的成熟的团队，团队里的员工相互之间非常熟悉，配合默契。自己作为一个新成员，因为跟大家不熟悉，所以感到有点格格不入。为了更快地跟团队成员熟悉起来，小高上班时间主动向老师傅请教问题，主动做一些自己力所能及的事情，如帮师傅们打水、扫地、整理维修工具。下班后，小高积极参与师傅们组织的篮球赛、聚餐等活动。很快，小高就融入了班组，能够跟班组成员较好地配合工作。小高是如何快速融入团体的？他的哪些做法非常值得我们学习？

2. 由感性向理性转换

由感性向理性转换，即在平时工作中要收敛自己的内心情感，约束自己随心所欲的行为，摆正自己的位置，培养良好的工作习惯，树立良好的职业形象。

高职生在校园里可以随心所欲地展示自己的观点，张扬自己的个性。职业人在工作单位不能把自己的情绪、情感过多地带到工作中，必须认清自己在工作环境中所承担的角色以及这个角色的性质、职责范围，弄清工作关系中上级所赋予自己的职权和应承担的义务，认识到职位和社会对自己的期望，学会用职业化的思维和情感来主导自己的工作，形成职业化的意识和习惯。

形成职业化的意识就是要摆正自己的位置，切忌我行我素，该请示的不请示而擅作主张，该处理的事情不敢处理推给上司或同事。在工作中要有节制地出力和做人，切忌"越位"。

高职生在学校生活中常存在吹牛、猜疑、冲动、随心所欲、以自我为中心等坏习惯，为成功实现角色转换必须培养良好的职业习惯。

（1）安心工作。安心工作是角色转换的基础。许多高职生在工作几个月后还静不下心来，常沉湎在高职生活中，这对角色的转换非常不利。既来之，则安之，高职生应尽快从校园生活中解脱出来，尽快全身心地投入新的工作。

（2）善于发现。在工作中要独具"慧眼"，善于找出适合自己的工作习惯，这些经验可以是从同事、领导身上借鉴过来的，也可以是从自己的亲身经历中"提炼"出来的。

（3）坚持到底。无论是别人的习惯还是从自己身上"挖掘"出来的，只要确定它对自己今后的发展有益，就应该坚持下去，把习惯牢牢地变成自己工作中不可或缺的一部分，不可三天打鱼两天晒网。

（4）及时更新。工作习惯不是一成不变的，它要求顺应工作环境的变化以及个人工作经验的变化而变化。当旧的工作习惯不适应新的工作状况，就要及时更新，让良好的工作习惯为自己服务。

（5）学会忍耐。社会要比学校复杂得多，走上工作岗位，可能会遇上固执刻薄的上司，可能碰上不通情理的同事，也可能在生活、工作中遇到一些不舒心的事情。遇到这种情况，要学会忍耐、冷静处置，切不可暴跳如雷、火冒三丈。

小米因为专业能力突出应聘到一家实力雄厚的电厂工作，该厂各方面的条件都很好。这家电厂有一对一师带徒的制度，入职后小米被分配给一个有经验的老师傅帮带。但这个老师傅似乎不喜欢小米，小米跟他打招呼也不理不睬，小米跟他请教问题他也不怎么回应。小米不知道自己做错了什么，于是向其他员工了解情况，其他员工反馈这个师傅的性格就是如此，让他不必太在意。但是小米觉得在这样的环境下自己很不开心，且学不到东西，于是向人事经理反映了这个情况，人事经理调查核实后跟小米承诺3个月后可以给他换帮带的师傅。小米觉得自己无法忍受3个月与这样的帮带师傅相处，提出了离职申请。

你赞同小米离职的做法吗？如果你是他，你会选择离职吗？

启示：小米就是典型的太过感性，没能理性处理入职后遇到的人际关系问题。我们在进入工作岗位后往往无法选择自己的领导和同事，虽然离职可以获得变换领导、同事的机会，但并不能保证一定能遇到自己喜欢的领导和同事。哪怕一开始你遇到的领导、同事是你喜欢的，他们也可能因为岗位变动等原因而不再跟你共事，所以遇到不好相处的同事就离职是非常不理智的行为。我们要学会跟不同的人相处，而不是寄希望于同事、领导都好相处。

3. 由自由成长向承担责任转换

高职生从学生角色向职业角色转换须加强自己的责任意识，由成长向责任转换。在求学的十多年中，高职生最主要的任务是学习知识技能，父母、老师、朋友甚至社会都在为学生的成长成才不断服务。而走向职场意味着其已经成为一个独立的职业人，无论在走向成熟还是在职业发展过程中，都将承担一名职业人的责任。

高职生对自己的未来有美好的愿望，跃跃欲试，想在事业上大干一场并取得成功。工作之初，高职生就必须从最简单的基础工作做起，这是人成长过程中必须经历的，就像每个高职生从小学到初高中再到大学，是为了就业与职业发展做准备，而初入职场的高职生的基础工作又何尝不是为了明天做准备呢？现实中有许多高职生凭着学识上的优越感认为自己被大材小用了，不愿意干一些基础性的工作，甚至闹情绪，这是缺乏责任意识的表现。干一项工作就要像在校学习一样有足够的热情，更要有丰富的经验和随机应变的能力。这种经验和能力的获得并非一朝一夕，它需要通过平时的工作积累和训练，凭借一时的热情和情绪是对工作的不负责任。因此不管工作大小，分工高低，每个初入职场的高职生都要以满腔的热情，高度的事业心和责任感认真对待并圆满完成。

4. 由注重思想向注重行动转换

学校是一个同质性比较高的小社会、小群体，人员构成相对简单、单纯，在学校里大部分学生都喜欢问为什么，喜欢对一些问题进行争论。但是作为一个职业人，不能只把想法停留在思想和嘴皮子上,还应该用理性的思维和实事求是的态度去思考如何行动,能拿出行之有效的实施方案并不折不扣地去执行。高职生可以用感性的思维、浪漫的方式去轻松地对待自己的生活和学习,而职业人需要用职业的思维、标准、行为去建设性地开展工作。当我们跨出大学校门、跨入职业门槛之际,要顺利实现社会化、职业化转变,就要从现在做起,从生活、工作、职业发展中的一点一滴做起,向行动化转变。

一要正确定位。职场中的高职生是工作者,切忌高高在上、拈轻怕重、好高骛远,要从最基础的工作开始,老老实实做人,踏踏实实做事。

二要热情主动。对刚参加工作的高职生来说,要热情、主动、外向,尽快让上司、同事和周围的人愉快地接受自己。如果我们能使自己激励、感染、影响身边的人,那将会达到超越职业化的境界。

三要不断学习。大学里所学的知识不是我们的救命稻草,那些理论知识解决不了工作中的所有问题,满足不了个人职业发展的需要。要树立"活到老,学到老"的终身学习理念,要树立向同事、向上司、向朋友、向社会学习的谦虚态度。通过不断学习,满足个人职业发展不同阶段的需求。

四要付诸行动。我们要树立除理论学习之外的另一种学习观念:行动化的学习。社会化、职业化的最好方法,就是将社会化、职业化的要求落实到日常生活、工作的言谈举止上,通过改变行动来改变自己,顺利实现角色转变。

五要时刻反省。要有自省、自知、自觉的意识和理念,学会在工作和为人处世中发现自己的不足,以便今后有针对性地弥补自身的不足,提高自己的技能,使自己能够更快、更好地融入集体和团队。要永远记住:失败不一定是成功之母,自省与改进才是成功之母。

5. 由智力评价向品格评价转换

大学期间往往是以成绩的好坏评价一个学生的优劣。而在工作单位,由于职业文化和非职业文化不同,单位更希望职业人能够诚实可信、爱岗敬业、富有责任、认真细心地对待每件事情。因此,高职生的职业转换须实现由智力评价向品格评价的转换。

阻碍高职生角色转换的最大难题不是专业知识和经验,而是职业意识和职业素养。高职生从小学到大学毕业,十几年的学习经历使其积累了丰富的学习经验,岗位所需的专业知识高职生几乎都能轻松搞定,工作经验也一样能扎实积累;但是职业态度、职业意识、职业道德、职业行为、职业技能等职业素养却是高职生的"软肋",在职业角色转换阶段都会表现出这些方面的欠缺。

如何成为职业化的员工呢?古人云:德才兼备谓之"圣人",德才兼亡谓之"愚人",德胜才之谓之"君子",才胜德之谓之"小人"。再严厉的领导,再称职的部门负责人,再优秀的员工,一旦不按要求遵守职业道德,没有了意识素养,都是不合格的,也不能称为职业人。高职生要顺利完成从学校到社会的转变,完成从高职生向职业人的角色转变,将社会化意识和职业素养体现为态度和行为习惯,绝不是一日之功,也不会一帆风顺、一蹴而就,需要一个准备和积累的过程。经调查,高职生的角色转换期需要1~3年,而这期间正是一个人职业生涯中最"青黄不接"的阶段:高职生既不像毕业时那样"单纯",又不像有四五年资历的老员工那样能"独当一面",而是处于"一瓶不满,半瓶晃荡"的状态。这个时期也许是一个人一生中最痛苦,对人生的认识、体会和感悟最多的时期,但往往能够积累到一生中第一次蜕变的经验。

三、职业适应的影响因素

(一)影响职业适应的主观因素

1. 对职业角色的认识

对角色的认知,包括对职业角色社会意义的认知,对职业角色内涵和行为标准的认识。认知上的偏差在适应中主要表现为角色冲突或角色模糊。角色模糊,即不明白对这种角色的确切期望是什么,无法认识角色对从业者的确切要求。与角色之间存在隔离,不能融入工作中。角色冲突是指对工作角色的各种要求有时是彼此冲突的,能做到这一点而做不到另一点。这二者都会产生对工作的不满和紧张,影响工作效率和质量。

2. 对职业的期望值

在选择某项具体职业时,除了兴趣爱好以外,一个很重要的因素就是对职业的评价,这种评价往往从社会地位的高低、经济回报、工作环境等方面出发。如果预先评价与实际情况吻合,那么职业适应过程就较为顺利。若评价与实际情况不一致,就会造成职业适应障碍。

3. 所具备的职业技能

职业技能是指人们从事各种职业所必须具备的知识和技能。合理的知识结构会增强人们的职业适应性。知识、经验能帮助预见职业活动的发展过程以及结果,对出现的问题做出及时判断,摆脱困境。

4. 个性特征

优良的个性品质能推动人们去从事并坚持某种活动,从而促进能力的发展。浓厚的兴趣,执着的追求,是坚持不懈、努力奋斗的保证。在具体职业活动中,主要表现在直接影响人们的职业适应性和发展潜力,意志薄弱往往会导致适应的半途而废。

(二)影响职业适应的客观因素

当人们习惯于在某一环境下活动时,换一种环境便会感到陌生或产生人际障碍,即使是同一类职业。地点和人员的变化,也会带来心理因素的变化。因为在不同的环境中,人们的语言交流方式、思维方式、管理方式、活动习惯都不一样。这是一个集体在长期的活动中逐渐形成的，是集体成员相互之间认同的结果。因此，职业环境的差异，无形中给从业者带来了心理上的压力，影响他们对职业的适应。

四、高职生职业适应常见问题及注意事项

（一）职业适应常见问题

1. 职业心理定位模糊

职业心理定位是自我角色定位（我是谁）和社会角色定位（我该从事什么职业）的统一。二者有机结合，能发扬自身优势，促进未来发展。很多学生存在对自己的职业规划不清、不明白自己适合的职业、不了解想从事职业的工作内容等问题，导致求职时和工作中急功近利、好高骛远。

小卢是某电力职业技术学院的学生，毕业后进入某公司工作后，发现大家一起工作拿同样的薪水，组长这个位置没有人愿意做，因为事多薪水却不多。小卢认识到组长这个位置的价值，做组长能接触到电网公司的很多老师傅及领导，学到更多技术方面的内容。于是，他进入公司6个月后就毛遂自荐爽快地接过了这个职位。后来，在小卢被调回家（某县）前，领导把该公司在该县组长的位置留了2个月等小卢过来接手，又过了12个月公司领导意识到组长的重要性，给组长们每月涨了2 000元的工资。因此小卢的工资有了很大提升。在小卢看来，出来工作后不要只看到眼前的一点点薪水，不要胆怯，年轻人就要敢干。小卢为什么会在组长"事多薪水却不多"的情况下毛遂自荐当组长？主要原因就是他有清晰的职业规划，并看到组长这个职位对未来发展的帮助。

2. 角色转换意识淡薄

由于对学生角色的依恋，和对职业角色的恐惧，才踏入工作岗位的毕业生，会习惯以学生身份的社会义务和社会规范来要求自己、对待工作，以学生身份待人接物，观察和分析事物。在工作中畏首畏尾、怕承担责任、怕闹笑话，从而造成不良影响，使自己因角色意识淡薄而缺乏归属感，并因此不能对所从事的职业产生情感，最终导致工作业绩差。

小东毕业后应聘到一家中外合资企业当技术员，入职后他被分配到一个班组，领导让他认真跟班组里的师傅学习。小东从不主动向老师傅请教，也不爱主动思考，他期待着师傅能像学校的老师一样，主动教他做事。但师傅只是给了小东一些学习资料，并没有具体教他该怎么做。看到师傅不主动教自己做事，也没有主动给他分配工作任务，小东也就得过且过。由于小东做事笨手笨脚，什么都不懂，也缺乏主动学习的意识，最终没能通过试

用期考核。

启示：为什么小东没通过试用期考核？最主要的原因是小东缺乏主动转换角色的意识，认为工作单位的师傅会像学校老师那样手把手教自己，实际上在许多单位，老师傅并不会因为教新人技能而获得更高工资。所以职场新人必须积极转换角色，你已经是领工资的员工，不再是学校的学生，必须积极主动学习，主动请教，提升自己的专业技能，达到企业的要求。

3. 对社会现实的失望感

现实生活中的许多社会现象，很容易引起大学毕业生的困惑，他们对于社会上普遍存在的一些不良现象，缺乏深层次的理解。一些大学毕业生往往把未来生活理想化，对角色的期望值过高。一旦接触现实，就容易产生一种失落感，出现情绪低落的现象，如不能及时从这种失望中摆脱出来，将会影响自己尽快进入新的角色。所以高职生在学生阶段一定要多做社会调查，尽可能多地熟悉社会、了解社会，缩短理想与现实的差距，更好地使自己投入工作，更快做出成绩。

4. 无法适应倒班生活

很多工厂生产需要 24 小时不间断运行，这就决定了许多工作岗位都会涉及倒班。很多毕业生因为无法适应倒班生活而选择离职。怎样才能更好地适应倒班生活呢？

第一，在睡眠环境方面，要调整好室内光线和声音。光线会抑制褪黑素分泌，不仅会让人难以入睡，对睡后身体恢复也有负面作用。所以，室内光亮度是影响睡眠的最重要因素，没有良好的睡眠环境，就无法获得良好充足的睡眠。需要倒班的工作者应选择遮光度较好的窗帘，以提升睡眠质量。安静的环境对于快速入眠也是相当重要的。因此，下夜班回家应将手机设置成静音，创造安静的睡眠条件。第二，在生活习惯方面，很多人下班后常常睡不着觉，就会看电影、上网或者吃夜宵，这样更会使人难以入睡。上夜班，最好上午能够锻炼身体，如三四十分钟的慢跑、游泳等有氧运动。常倒班的人卧室要少用红色装饰，因为红色对神经有兴奋作用。第三，在饮食方面，经常倒班的人应该多吃黄瓜、西红柿、香蕉、胡萝卜。研究发现，这四种蔬果中含有植物松果体素，与人体的松果体素类似，能够有效改善睡眠。尽量减少影响消化的动物脂肪和甜食的摄入。不要摄入含咖啡、酒精和尼古丁的食物或饮料，这些只会暂时给人造成一种身体活动正常的错觉，使睡眠时间更加紊乱。

小王毕业后应聘到一家电厂上班，因为厂里缺人，员工需要三班两倒，工作强度很大。而小王本来就体型瘦小，身体素质不是很好，在刚开始上班时感觉很吃力。为了尽快适应倒班生活，他开始加强身体锻炼，每天都会抽时间跑步，遇到下雨天就会在室内练哑铃健身,同时注意加强营养、规律饮食,慢慢就逐渐适应了倒班生活,而且身体比上班前更健壮了。小王是如何适应倒班生活的?大家可以学习他的方法,尽快适应倒班生活。

5. 工作过程中的浮躁心理

有些毕业生在角色转换过程中,受到利益的驱使,迟迟不能或不愿进入角色,缺乏踏实的敬业精神。尤其在当前开放的人事制度下,一些学生表现出"这山望着那山高"的心理,为追求高薪,频频"跳槽",结果既耽误了自己,又损失了单位利益。

调查发现,高职生离职的首要原因是"感觉工作要求高,压力大"。很多毕业生在初入职时感觉自己没有能力胜任工作,主要原因是新入职员工需要在入职前几个月掌握大量新知识和技能。在新知识和技能还没掌握时,他们没有能力独立处理工作中遇到的问题,所以感觉压力大。但只要坚持一段时间,熟悉了工作岗位需要的相关知识和技能后就会感觉轻松很多。所以,刚入职的前几个月感觉压力最大,但这样的压力并不会一直持续。毕业生离职的其他主要原因还包括"薪资福利偏低""个人发展空间不够""对单位管理制度和文化不适应""想改变职业或行业"。

职场上的"闪离族",是指高职生对找到的工作满意度不高,上班时间不长,甚至连应聘的岗位还不熟悉就提出辞职,另谋新职。"职场闪离族"通常是没有做好以下几个方面:职场定位不清晰通常是"职场闪离族"的通病。缺少职业规划意识,或者说过于强调自己的职业规划而不懂得变通,这让他们无法满足于现状。如果问其离职的缘由,可以得到很多非"离"不可的答案。表面看来,他们似乎很清楚自己的目标是什么,其实恰恰相反,对于"职场闪离族"而言,正是因为目标的缺失才导致他们通过不断的"闪离"和尝试,让自己的职场目标清晰起来。在这个过程中,损失最大的是时间价值。对于职场新人来说,最宝贵的是专业技能和职场经验的累积,这两样都是通过时间和实践获得的,然而"闪离"却无法让他们得到应有的锻炼。缺乏职场适应力。因为职场新人往往在入职后会经历一段适应期。在这期间难免会遇到一些困难和问题,如果无法得以有效解决,就很容易使自己对企业产生怀疑甚至是不满,从而导致对企业的抱怨和牢骚,久而久之就成了"闪离"的原因。求职者就要根据自己选定的目标,有目的地去选择企业平台,尽可能地搜集企业更多的信息辅助决策,慎重入职,而一旦入职,即将"这个是不是适合我的岗位"等顾虑丢掉,投入最大的精力去适应企业和职位。"工作中遇到困难和问题,要主动沟通,职场中不能指望别人的提携和帮助,如果有,更要加倍珍惜。不要怕困难和挑战,真正能够帮助你成长的,正是这些困难和挑战。"

(二)初入职场应注意的问题

1. 积极主动

一旦到了工作单位,就要处处把自己当作职业人看待,努力学习实践知识,寻找、创造锻炼业务能力的机会,要做到眼勤、手勤、腿勤,多想、多问、多做。此外,要做到每天早上班,晚下班。积极主动的工作态度总是很受人欢迎的。

2. 诚信踏实

初到工作岗位,要严格遵守单位的规章制度,与人交往不失约、不失信,会有助于树立诚实守信的形象。同时,在外对单位的人、事、物严守秘密,对内真诚、敬业,也是现代企业对员工的基本要求。

3. 不斤斤计较

高职生刚开始工作时要树立远大理想,正确处理好赚钱与提升能力的关系。此外,要认识到工作待遇是对能力的奖励,越有能力的人,待遇越好。因此,刚毕业的高职生不要过于功利,过于急躁,最好在本职岗位上踏踏实实学习,积累经验,锻炼能力,积聚人脉,树立专业形象,这样才会走得更远。

4. 不损公肥私

高职生就业伊始,就要树立正确的职业道德观,遵纪守法,遵守单位的规章制度,具体要做到:①不把单位的财物据为己有;②不利用自己的职务之便,谋取私利;③不占用办公电话谈私人事情;④不收受贿赂,贪赃枉法。尤其是在国家单位、公务部门工作的人员,损公肥私、自私自利的行为会损害国家和人民的利益,最终要受到人民的监督和法律的惩处。

5. 不找借口

高职生刚开始参加工作,工作不适应、工作中出现差错是难免的,但千万不要把不适应、不熟悉当借口,而要从自身主观方面找原因,不适应业务工作要学习;不适应人际关系要改善;不适应生活习惯和节奏要克服;不适应紧张压力要锻炼;不熟悉业务流程要尽快熟悉和掌握,只有这样才可以尽快进入新角色。

6. 不抱怨

有些高职生心高气傲,总是抱怨让自己从事简单工作是大材小用;抱怨待遇不够;抱怨工作条件太差;抱怨要加班;抱怨福利太少;抱怨身边同事素质低;抱怨没人理解自己;抱怨领导不是伯乐,发现不了自己的"真才实学"和"鸿鹄之志"。

五、高职生实现职业适应的重要时期

1. 毕业前的准备

(1) 认知自我。

认知自我包括认识自己的生理状况,例如自己的身体特征、心理特征,尤其是兴趣、能力、气质、性格等,还要认识自己的人脉关系、自己在集体中的位置与作用等。

(2) 定位自我。

在对自身有了明确的认知之后,接下来就是进行心理定位。心理定位能够帮助毕业生明白自己的目标和需求,在选择职业的过程中更加客观和全面,可避免好高骛远,或是高不成低不就的现象出现。

（3）恰当和及时地自我调适。

在择业时面对出现的各种困难,毕业生需要进行恰当的自我调适。当择业不顺时,不要悲观甚至绝望,要努力看到事情的另一面,积极对待;当难以抉择时,不要一味地拿不定主意而浪费宝贵的时间和机会,要当断则断;当看到社会的不公时,更不要死钻牛角尖、愤世嫉俗,要心胸开阔。

2. 试用期的把握

（1）重视岗前培训环节。

岗前培训对于刚刚走上工作岗位的高职生的角色转换是非常重要和必要的。这是让新员工了解单位的基本情况,熟悉规章制度和工作程序,更重要的是通过岗前培训来树立集体主义观念,培养人际协调能力和奉献精神。从某种意义上讲,岗前培训可以直接反映出新员工的素质高低,因此单位都非常重视,并依此择优录用,分配岗位。毕业生一定要以认真的态度把握好这样一次学习机会。事实证明,很多毕业生就是因为在岗前培训期间显露才华、表现出色而被委以重任的。

小智是某电力职业技术学院的优秀毕业生,凭借出色的专业技能和优异的成绩,他成功应聘到一家国有企业上班。刚入职,企业便给新员工安排了岗前培训,领导非常重视岗前培训,于是也参与了这次岗前培训,希望通过培训了解新员工,并从中选出重点培养的对象。小智发现岗前培训的知识都是自己已经掌握的知识,因此他没做笔记,也没太积极与领导交流。观察到小智的表现,领导认为小智态度傲慢,不积极、认真学习,没有将他作为重点培养的对象。开始工作后,领导很长时间没有关注小智的工作表现。半年后,有一次领导给小智单独布置了一项任务,小智将任务完成得非常出色,领导这才发现小智很有能力,并将小智作为重点培养对象。

优秀的小智为什么长时间未得到领导的重视?如果小智在岗前培训期间就认真做笔记,多跟领导沟通,他就能更早获得领导的青睐,也能获得更多的培养机会。所以大家务必要重视岗前培训环节,哪怕自己已经会了,也要保持谦虚、认真的学习态度。

（2）善于展现自己的知识。

大学毕业生因为具有新知识而受到同事的青睐和尊敬,但为此也容易使一些人与同事之间产生一定的距离。在同事面前一定要表现得谦虚、随和,在尊重同事丰富经验的同时,适时展现自己的能力。可以利用工作机会,特别是当同事在工作中遇到麻烦时,以谦虚诚恳的态度提出自己的见解,共同商讨和解决问题。也可以利用业余和娱乐的时间,发挥自己的特长和优势。在交流中让同事了解自己的为人和性格，表明自己的世界观、人生观和价值观，缩短与同事间的距离，成为大家的朋友。

（3）树立工作的责任意识。

大学毕业生对未来都有美好的期望，都想在事业上大干一场，建功立业。但是多数人在走上工作岗位之初，一般不会被委以重任，而是先从最简单的辅助性工作做起，这也符合人才成长的基本规律。有不少人凭着对工作的新鲜感和学识上的优越感，认为自己被大材小用了，对一些工作不愿意干，甚至开始闹情绪。其实，这是缺乏责任意识的表现，干任何一项工作，除了要有足够的热情，更要有丰富的经验和随机应变的能力。这种经验和能力的获得并非一朝一夕之功，它需要在平时的工作中积累和训练。

（4）培养实事求是的工作作风。

大学毕业生具有较强的自尊心和自立意识，在工作上总想独当一面，取得成就。尽管很多人对待工作的态度是认真谨慎的，但在很多时候，工作中还是难免出现失误。工作失误并不可怕，可怕的是不能正确地认识失误，不能实事求是地去承认失误。如果工作中一旦出现了失误，就要认真地分析原因，总结经验教训，找准失误点；同时要敢于向领导和同事承认，并勇于承担责任，以获得领导和同事的理解；另外，要虚心学习、请教，总结经验教训，防止类似失误再次发生。

第二节 职业发展

一、职业发展的含义

职业发展是指个体逐步实现其职业生涯目标,并不断制定和实施新目标的过程。职业发展的形式多种多样,但主要可分为职务变动发展和非职务变动发展两种基本类型。职务变动发展又可分为晋升与平行调动两种形式。晋升是职业发展的常见形式,晋升是成功的标志,对晋升的渴望是一种积极的动机,它会使员工在工作中创造出更好的业绩,特别是对处于职业生涯早期和中期的员工而言,其激励效果更明显。平行调动虽在职务级别上没有提高,但在职业生涯目标上可以得以发展,从而为未来的晋升做好准备。

人在一生中,职业发展随着年龄和所承担的社会、组织、家庭角色的变化而不断发生变化。对大多数人而言,职业发展都将经过五个阶段,即探索期、适应期、创新期、维持期和衰退期。在职业发展的第一阶段职业探索期,个人基本形成了自我职业概念,并随时准备寻找适合自己的工作。在职业适应期,个人经过相应的教育、培训或积累了一定的人力资本,经过多次的挑选与被挑选,确定工作岗位并在相应的岗位上开始施展才能。在职业创新期,个人基本上找到了自己所认同的职业领域,并寻求在这个领域中有所建树。当职业生涯发展到维持期,个人由于知识与经验的积累,达到了一种稳定的状态,发展速度缓慢,并已取得了一定的地位和成就。在职业发展的最后阶段,进入衰退期,由于体力与精神状态的下降,个人从一个积极的参与者到完全退出工作领域。对于不同个人来说,每个阶段所持续的时间有长有短,并且每一阶段的职业状态可能影响到下一阶段。在这些阶段中,个人的成功表现为实现了职业期望、从职业生活中获得了满足。

二、职业发展的影响因素

(一)职业能力

职业能力是从业者在职业活动中表现出来的实践能力。传统意义上的职业能力是指从事职业活动所需要的运用专业知识和技能的能力。职业能力是人们从事某种职业的多种能力的综合。例如,一位教师只具有语言表达能力是不够的,还必须具有对教学的组织和管理能力,对教材的理解和使用能力,对教学问题和教学效果的分析和判断能力等。如果说职业兴趣或许能决定一个人的择业方向,以及在该方面所乐于付出努力的程度,那么职业能力则能说明一个人在既定的职业方面是否能够胜任,也能说明一个人在该职业中取得成功的可能性。

1. 专业技能

职场中每年都有新鲜血液注入，为职场带来更多的活力和生气。职场新人如何在职场中占有自己的一席之地，取得职业发展中的成功？智联招聘职场调查显示，在众多因素中，多数职场人认为扎实的基本功排在首位。专业技能主要是指从事某一职业的专业能力。例如，开展国际贸易报关业务的企业一般要求从业者具有独立处理报关工作的能力，如办理公司进出口货物的清关和货物中转手续、制作报关单、整理报关档案、负责与海关和商检部门联系等实际操作能力。现今社会分工越来越细、越来越专业化，专业人才越来越受到企业的青睐，专业能力是高级人才不可或缺的能力，它构成了高级人才的核心竞争优势。保持专业发展路线不动摇，才能由浅入深、厚积薄发，形成独特的专业知识、技能、经验与资源。积累可以使个人的专业能力不断加强，一个平凡的人，如果在某个领域数十年如一日地积累与磨炼，就有可能在该领域做到世界最强，成为一个炙手可热的人才。

小强从某电力职业技术学院毕业后很幸运地来到一家国有发电厂工作，他对自己的工作非常满意，专业对口、工作待遇优厚，领导亲切，同事友好。但开始工作一段时间后他发现，在他们公司转正、晋升都需要进行专业技能考试，且考试成绩是非常重要的考核指标。小强与企业中同时入职的本科毕业同事相比，专业理论基础弱，考试能力较差。小强很清楚，专业技能落后将大大阻碍自己未来的发展，于是他下定决心认真学习，提升自己的专业技能。于是小强每天在现场都会认真学习了解发电设备的作用、工作原理，晚上回到宿舍他都要先总结一天在现场学习到的知识。休息时间小强认真学习厂里发的学习资料，学习时结合现场看到的设备来记忆。小强每天都会坚持学习一些新知识，并想办法记住这些知识点。资料学完第一遍后，小强就回顾自己记住了多少，然后再从头学第二遍，一遍遍学。终于，小强的专业能力慢慢赶超了同期入职的本科同事，也得到了领导的赏识和同事的认可。

启示：小强的案例充分说明了在职场中，专业能力是影响职业发展的关键因素，只要肯下苦功，高职生一样能够增长自己的专业能力，获得更好的职业发展。

2. 沟通能力

从被誉为新泽西聪明工程师库的人才实验室的统计结果来看，工作绩效最好的人，不是具有高文凭的人，而是那些善于和同事相处的人。另一个统计也显示，很多人的失败不是因为技术能力差，相当一部分是因为不善于沟通，处理不好工作中的人际关系，工作中遇到困难不善于向别人请教，与上级或同事发生冲突等。沟通能力包含语言文字表达能力、争辩能力、倾听能力和设计能力。

沟通能力看起来是外在的东西，而实际上是个人素质的重要体现，包罗了一个人从穿衣打扮到言谈举止等一切行为能力，关系着一个人的知识、能力和品德。实际上一个具有良好沟通能力的人，他可以将自己所拥有的专业知识及专业能力进行充分的发挥，并能给对方留下"我最棒""我能行"的深刻印象。

我们可以通过以下方式提升沟通能力。第一，沟通态度要真诚。和他人沟通时，态度一定要真诚，让对方感受到你是真心待人的。第二，看沟通、访谈类节目。可以看一些访谈类的节目，如《杨澜访谈录》等，在看节目的同时，学习节目中人物的沟通模式，然后运用到自己的生活当中。第三，多与人交流。想提升沟通能力，就一定要实践，平时可以多跟家人、朋友促膝谈心，分享平时的生活，经常交流，语言表达能力自然就得到提升了。第四，善于倾听。善于倾听也是提升沟通能力的途径之一。只有多听，多思考，才能更好地表达自己的见解。长期坚持，也能够提高沟通能力。第五，适当控制语速。沟通的过程中，要注意控制语速，不要过快。放慢语速能够让自己输出信息时更加井井有条，同时也能够让他人听得更加清楚明白。

3. 情绪控制能力

情绪是人对事物一种肤浅、直观、不动脑筋的情感反应。它往往只从维护情感主体的自尊和利益出发，不对事物做复杂、深远的考虑。心态良好的人能适度地表达和控制自己的情绪，喜不狂，忧不绝，胜不骄，败不馁；在社会交往中既不妄自尊大，也不退缩畏惧；对于得不到的东西不过于贪求，在社会允许的范围内满足自己的需要。可是刚刚踏入社会的年轻人在工作、学习、待人接物中，却常常依从情绪的摆布：头脑一热，什么话都说得出口，什么事都做得出来。事后冷静下来，自己也会感到其实大可不必那样。可惜错已铸成，想要弥补，就需要付出更大的努力。

控制好情绪对人生有非常大的帮助。一个人真的想有所成就的话，就要有情绪调控的能力。成功者控制自己的情绪，失败者被自己的情绪所控制。所谓成功的人，就是心理障碍突破最多的人，因为每个人或多或少都会有各种心理障碍。职场新人若能在二十几岁的年龄有效控制自己的情绪，保持一种良好平静的自我心态，就是超越自我的一个契机。

情绪是一种复杂的心理活动，保持良好情绪是形成积极向上的竞争意识的前提和基础。在未来的职业发展中，面对工作和生活的压力，要有效地调节自我情绪必须不断提高自身的情绪控制能力。美国心理学家沙赫特、辛格及阿诺德认为，情绪的产生是由环境事件（刺激因素）、生理状态（生理因素）、认知过程（认知因素）三个条件制约的，其中认知因素是决定情绪的关键因素。因此，我们可以通过改变对事件的看法来调整自己的情绪。从积极角度看待遇到的问题，情绪状态自然也就更积极了。

4. 解决问题的能力

在我们的职业生涯发展过程当中，除了应用专业能力进行专业活动外，还会遇到各种各样的困难和挑战需要我们去解决。培养解决问题的能力也是职业生涯发展不可缺少的一个重要方面。一个人工作的过程就是不断发现问题、解决问题的过程。工作的好坏在一定程度上取决于个人解决问题能力的高低。提高解决问题的能力，首先是要有问题意识，看问题不能只看表象，要追究到根本的原因，要站在企业的角度尽量系统全面地看问题。清楚问题症结所在之后，就要着手思考解决问题的方案。通常情况下，一个问题的解决办法可能有很多种，我们可以在评估各个方案的优劣之后，选择最适合的解决办法。最后，就是严格有效地执行。

5. 学习能力

专业能力只是表明高职生毕业时的专业知识和技能水平，而其走上工作岗位后专业能力能否适应职业发展、能否持续增长，关键要看其学习能力的高低。学习能力决定了个人在职业发展中的竞争力。学习能力一般是指人们在正式学习或非正式学习环境下自我求知、做事、发展的能力。

（二）职业规划能力

每一位职场新人都渴望获得更好的发展机会，让自己有一个美好的事业和生活。好的前途除了必备的能力、心态和机会，首先要做到的一点是认真规划。古人云："凡事预则立，不预则废。"想要有一个更加光明的前途，就要对自己的未来进行细致可行的规划，并努力地去实现自己的目标。

如果你没有规划，而只是在职场中得过且过地混日子，那么最终只会使自己流于平庸、碌碌无为。所以，想要人生事业有一个较好的发展，就要早早地对自己的事业和人生进行合理的规划。那么，到底该如何规划呢？"知己知彼，百战不殆"，进行职业规划首先要"知己"，即全面、深入、客观地分析和了解自己，明确自己的优缺点和兴趣爱好，选择自己想要发展的领域。然后分析自己所在的环境和可能的变化。结合这些把自己的规划具体到每个阶段，思考5年后、10年后、20年后自己想要达到的事业发展阶段和水平。

（三）个性品质

个性在职业发展中同样也起到重要作用。传统观念认为一个人的个性会影响到职业的适宜度。当一个人从事的职业与其个性相吻合时，就更可能发挥出能力，容易做出成就；反之，则可能导致其原有才能的浪费，或者必须付出更大的努力才能成功。从某种意义上来说，兴趣、性格等是一个人在选择职业时首先要考虑的问题。其实，高职生在从业过程中，应该辩证地看待职业发展中的"个性"作用。

霍兰德的职业性向理论认为个人的人格与工作环境之间的适配和对应，是职业满意度、职业稳定性与职业成就的基础。而在"六边形"不是一成不变的职业选择中，并非人人都能如愿以偿，还有许多人在自己不喜欢的职业领域中工作。那么，我们是否一定要通过职业转换来使自己获得事业上的成功呢？其实，一个人最好从事与自己性格相符的职业，但人的个性并不能决定他的社会价值与成就水平。当你发现你的个性与职业的匹配度不高时，可以通过个人努力来弥补自身不足。在长期的职业生涯中，"六边型"并非一成不变。处在不同职业发展阶段的人，应考虑不同的事情。例如，在探索阶段，可以多做些尝试、探索，在工作中摸索出本人的职业性向、职业兴趣等，逐步找到最适合自己的职业。而40岁以上的人，就不应该做过多的尝试，而是应该选择本人有优势的职业并做长远的打算。

三、提升职业竞争力的建议

1. 提升自我认知能力

提升自我认知能力，就是要清楚自己的优势和劣势。要从自身角度挖掘，从他人对自己的评价中分析，从工作过程中总结，哪些是自己游刃有余的，哪些是自己比较薄弱的，做到充分了解自己的优劣势，在工作中能够规避弱项。现在的工作多数是通过团队合作完成，你需要的是在团队中发挥自己的优势，你的短板可以由其他团队成员补足。所以，把自己的优势发挥到极致，发展自己的专项能力，才是提升核心竞争力的关键所在。

2. 提升专业技能

不断学习，提升专业技能是保持竞争力的前提条件之一。你需要时刻保持一颗求学的心，勤于思考，通过对知识的消化理解，建立自己的知识框架体系，还要打破思维的局限性，不要闭门造车，根据经验的积累和人脉的拓展对知识进行补充和创造，学会和他人分享交流，扩宽领域，激发更多的灵感，以实现在专业技能上的创新与突破。

随着年龄的增长和外部市场环境的变化，核心竞争力也是持续变化的，作为职业人，必须终身学习，不断做出相应的调整。对于刚毕业的高职生来说，学历是块敲门砖，学历的含金量可以作为暂时的竞争力，但是随着工作年限的增加，工作技能、工作经验阅历慢慢变成了职场竞争力的主体，甚至管理能力、人脉资源、沟通能力等都会成为考核标准。

职场"老人"面试的时候不会再去说在大学期间获得了什么证书，取得了什么成就，而是会尽力地展现自己的专业技能，为公司做过什么成就、什么贡献，能给公司带来多少资源和收益。对比学历，公司更看重的是个人的工作能力。所以，只有不断学习才能保持持续稳定的职场竞争力。

3. 培养独立解决问题的能力

很多人工作时喜欢一味听从上级领导的安排，领导安排什么就做什么，做什么都会向领导请示和批准，小心翼翼，生怕出一点错误。当遇到问题时则思绪混乱，毫无逻辑。公司往往会重视有独立解决问题能力的人。工作的本质就是公司雇用你付出时间和精力来解决各种问题，如果你缺乏这种能力，将难以在企业立足。

培养独立解决问题的能力，要在平时的工作中锻炼，每天抽出时间来锻炼自己应对突发情况的能力，把每次遇到的问题都当作一次学习机会，当面对领导临时安排的紧急任务时，要先把思路捋清，做出任务框架，根据目前所处的状况再对应给出不同的解决方案，预想出不同方案推进过程中可能会出现的问题，根据情况随时做出调整。

一个问题的发生与解决往往涉及多方面的联动，所以当遇到问题时，要懂得主动寻求他人的帮助，寻求帮助并不意味着缺乏独立解决问题的能力，恰恰证明了能够协调各方资源，配合各个环节的人员共同作战，具备组织协调能力。

4. 提高工作效率

要摆脱工作中得过且过，"当一天和尚撞一天钟"的安逸状态，突破自我的舒适圈，在工作中提出更高的要求，给每天的工作做好具体的规划，严格控制完成的时间，通过日常总结掌握工作技巧，灵活高效完成，抓住闲暇时间去学习，不断给自己充电，提高工作效率。

5. 养成思考的习惯

养成积极思考的习惯，培养对工作的洞察力，对数据的敏锐性，透过现象看本质，透过数据找方法，思考做每件事的最终目的，举一反三得出处理问题的多种方法，并通过反复试验找出最高效的方法。工作中还要学会换位思考，站在上级的角度考虑问题，面对上级交给的任务，要揣测上级的需求，显性需求是什么，隐性需求是什么，想要的结果，想要达成的目标，通过换位思考不断审视工作的完成度。

案例分析与讨论

【案例一】

杨某从某学校能源电力专业毕业后，顺利进入一家电力公司实习。公司的工作条件很好，为每名实习生提供了单独的宿舍。于是，杨某在宿舍装上了电脑，以宿舍为家，又过起了"校园生活"，如同以前在学校上课一样，上班经常迟到，身体有点不舒服就请假待在宿舍里。

经过三个月的努力，领导交给杨某等人的项目得以顺利完成，杨某本人负责的环节也没有出什么问题。但公司领导告诉他：他不适合在这里工作。杨某不服，找到了人力资源部经理，经理听完杨某的自辩后，拿出一张表，表上记录了杨某三个月的表现：上班时间待在寝室6次，迟到6次，和部门同事激烈争吵1次……

【案例思考与讨论】

（1）公司对杨某的处理，说明公司除了考查员工能力，还考查哪些方面？

（2）杨某在职业适应期内有哪些地方做得不好？你作为指导教师应该对他进行哪些方面的指导？

课堂探索活动

活动：未来职业适应之星

在学习通上填写问卷，"你认为班级中哪个同学将来能更快适应职业要求？""为什么你认为该同学能更快职业要求？"通过该活动，提升学生的参与兴趣，并总结归纳职业适应需要具备的品质。

课后任务

（1）职业适应的主要任务有哪些？

（2）简述职业适应的常见问题及应对策略。

（3）观看视频"入职新人如何快速适应"并参与讨论"假如你遇到职业适应问题，将如何应对？"阐述自己的观点，不少于50字。（在学习通中完成任务）

参 考 文 献

[1] 黄必义. 大学生职业发展与就业指导教程 [M]. 北京：高等教育出版社，2020.

[2] 郭文娟，刘洁玲. 核心素养框架构建：自主学习能力的视角 [J]. 全球教育展望，2017，46（3）：16-28.

[3] 张淑琼. 高职院校学生职业道德教育探析 [J]. 中国高教研究，2014（5）：97-100.

[4] 刘欣颖. 新时期大学生职业道德教育途径研究 [D]. 北京：中国地质大学，2014.

[5] 王玲，姜海霞. 大学毕业生职场礼仪常见问题分析及对策初探 [J]. 当代教育实践与教学研究，2015（9）：136.

[6] 万辉君. 大学生就业指导与职业生涯规划 [M]. 武汉：华中科技大学出版社，2018.

[7] 赵小东，白旭辉，莫小农. 大学生就业指导教程 [M]. 上海：上海交通大学出版社，2015.

[8] 迟艳琴，曹海英. 大学生职业发展能力开发与培养探讨 [J]. 中外企业家，2020（2）：176-177.

[9] 门瑞雪. 人的全面发展视域下的大学生职业能力培养 [J]. 人民论坛，2021（12）：86-88.

[10] 陈睿. "课程思政"融合职业教育构建职业素养培养体系研究 [J]. 景德镇学院学报，2022（8）：14-17.

[11] 汪恭敬. "大学生职业生涯规划与就业素养"课程融入思政理念的实践探索 [J]. 创新创业理论研究与实践，2021（9）：75-77.

[12] 谢广明. 课程思政理念下的"大学生职业规划与就业指导"课程改革路径探究 [J]. 大众文艺，2021（11）：167-168.

[13] 蒋莲凤. 中高职衔接模式下就业指导课程思政实施路径探析 [J]. 湖北开放职业学院学报，2022（11）：85-87.